La Biblia y el
**TRIANGULO DE
LAS BERMUDAS**

George Johnson
&
Don Tanner

La Biblia y el
TRIANGULO DE
LAS BERMUDAS

LIBROS
FE Y ESPIRITU

Libros CLIE
Dr. Moragas y Barret, 115
TERRASSA

LA BIBLIA Y EL TRIANGULO DE
LAS BERMUDAS

Originally published in the USA under the
title *The Bible and the Bermuda Triangle*.
© 1976 by George Johnson and Don Tanner.
Published by Logos International.

Versión española: Francisco Cazorla

ISBN 84 - 7228 - 470 - 0
Depósito Legal: B. 27.410 - 1979

Impreso en los Talleres Gráficos de la M.C.E.
Horeb, A.C. n.º 265. - Moragas y Barret, 113.
TERRASSA

Printed in Spain

INDICE

PREFACIO DEL EDITOR

El Triángulo de las Bermudas es un nombre que evoca un sentimiento de misterio, de oscuridad y a veces de temor en el corazón de incontables personas, sobre todo en Estados Unidos de América.

¿Por qué esto?

George Johnson y Don Tanner piensan que disponen de la respuesta adecuada. La respuesta que tienen se deriva en gran parte de la Biblia. Muchos consideraron sus hipótesis como fantásticas o absurdas, pero muchas otras personas las tendrán en cuenta como una intrigante posibilidad. Nosotros, los dirigentes de la editorial «Logos», apreciamos la tentativa y el empeño con que los autores exponen su teoría, lo cual forma parte de la razón que nos decidió a publicar el presente libro.

Así, pues, lo presentamos no como una doctrina que tenga que ser creída, sino como algo que invita a pensar.

A este juicio nos adherimos los editores de la versión española, ligeramente resumida, pues creemos que nada más se puede decir sobre un tema tan debatido y difícil.

RECONOCIMIENTOS

A los congregantes que han tenido fe en mí durante los pasados dieciséis años, especialmente a aquellos que han orado y han apoyado los esfuerzos de este libro. Para Tom, Richard, Marcelle, Ralph y Peggy, cuyas contribuciones a este libro iniciaron su comienzo; para Pat y Sue, que mecanografiaron el manuscrito y las revisiones; a mi esposa Nancy, que tuvo la paciencia y la comprensión de muchas horas de búsqueda y de estudio y que en mi ausencia sufrió un verdadero diluvio cuando una inundación llenó la iglesia hasta cuatro pulgadas de altura; a mi Dios y Salvador, para quien sea toda la gloria, ya que sin su Espíritu, nuestros ojos estarían todavía sumidos en la oscuridad.

George JOHNSON

A mi esposa Sally, cuyo apoyo en mi ministerio lo ha significado todo, y quien mediante su amor entregado por entero sufrió muchas horas de soledad para que así pudiese yo compartir la edición de este libro.

Don TANNER

INTRODUCCION

En *La Biblia y el Triángulo de las Bermudas* quedan explicados los misterios y las leyendas de barcos perdidos, aviones y personas, mediante el más antiguo libro de todos: la Biblia.

Los coautores son George Johnson, pastor de la catedral de la Iglesia de la Vida, de Torrance, California, y Don Tanner, editor religioso del importante periódico diario del condado de Los Angeles, *The Daily Breeze* («La Brisa Diaria»).

El interés de Johnson sobre el tema se produjo tras la lectura de libros relativos al Triángulo de las Bermudas y a un estudio personal del libro del Apocalipsis.

Un estudio más profundo de la Escritura y de los fenómenos del Triángulo, le llevó a realizar sorprendentes descubrimientos sobre las similaridades y correlaciones entre el resquebrajamiento de los mares y las extrañas desapariciones, así como la localización del mundo inferior de los espíritus.

En este libro los autores buscan probar la existencia del Sheol-Hades y sostienen la hipótesis de que está localizado bajo el mar. Muestran que las catástrofes ocurridas en ciertas partes del mundo pueden ser atribuidas a una actividad espiritual en las entradas del mundo inferior.

Los trastornos universales ocurridos en el mundo, incluyendo el diluvio de Lucifer * y el de Noé pueden tener relación con el continente perdido de la Atlántida. Todo ello es atentamente examinado en esta intrigante e inteligente obra.

El mundo inferior (Sheol-Hades) despierta siempre gran interés, pues es el lugar adonde nos dirigimos todos con absoluta seguridad a menos que hayamos asegurado un lugar mejor para nuestros espíritus peregrinos de la existencia, según las enseñanzas de la Sagrada Escritura. Si tal lugar existe, la única alternativa para evitar el obligado descenso allá es la aceptación del indulto divino basado en la redención obrada por Jesucristo en la cruz del Calvario.

Los autores proporcionan descripciones del Sheol-Hades y sus residentes, y discuten la relación del mundo inferior con seres como Abaddón rey de la destrucción, y Leviatán, rey del orgullo, según aparecen en diversos pasajes de la Biblia. Es decir, tratan de aclarar frases oscuras que han intrigado siempre a los teólogos y estudiosos de la Sagrada Escritura sin apartarse un ápice de la sana doctrina enseñada en lugares donde la claridad de expresión es mucho mayor.

El libro termina con una nota positiva. Dice adónde van los redimidos después de la muerte y muestra el significado del agua en el Reino de Dios en contraste con su presente papel como fuerza, por un lado vivificante y benéfica, y por el otro peligrosa y destructiva.

---

* Alusión a la teoría que supone una catástrofe mundial entre los versículos 1 y 2 de Génesis 1, a causa de la caída en pecado del diablo.

Capítulo 1

El misterio del espacio interior

Las cosas secretas pertenecen al Señor nuestro Dios; mas las reveladas son para nosotros y para nuestros hijos para siempre, para que cumplamos todas las palabras de esta ley.

(Deuteronomio 29:29)

¿Por qué las brújulas apuntan solamente al verdadero Norte en el Triángulo de las Bermudas y en el Mar del Diablo, a la altura de las costas del Japón, y no desde los demás lugares, donde siguen el eje de inclinación del globo terrestre?

¿Por qué las anguilas emigran a las profundidades del Triángulo?

¿Por qué las algas del Mar de los Sargazos existen solamente en el área del Triángulo (creciendo en la superficie del mar), mientras que el piso del océano se encuentra a 18.000 pies por debajo?

13

¿Por qué los huracanes se engendran en el Triángulo de las Bermudas?

¿Por qué los sonámbulos espiritistas tales como Edgar Cayce y M. B. Dykshoorn, dicen que no hay ningún misterio en el Triángulo?

Los misterios del espacio interior en esos dos lugares de las antípodas y sus efectos sobre el mundo superior han chasqueado y sorprendido desde muy lejanos tiempos a los marineros y a los expertos en sus campos respectivos.

Pero la Biblia, el más antiguo de todos los libros, tiene mucho que decir respecto a estos misterios, y con relación al remoto pasado y al futuro profético. En este libro trataremos de encontrar las cosas reveladas con relación a estos misterios y su significado para el hombre.

SECRETOS DEL PASADO

El mar es una clave para el pasado del hombre.

Los evolucionistas, de acuerdo en este punto con la Biblia, dicen que la vida surgió de él.

Los ocultistas rastrean sus orígenes hasta los continentes perdidos que dicen yacen bajo él.

Los geólogos han intentado investigar a través de la corteza de la tierra y bajo el mar para encontrar pistas sobre la edad y la composición de nuestro planeta.

Recientemente los zoólogos han quedado muy sorprendidos al encontrar especímenes vivientes de supuestas especies extintas conocidas previamente sólo como restos fósiles. Varios moluscos vivientes segmentados han sido dragados desde una profundidad de 11.700 pies en la fosa de Acapulco (América Central);[1] estos moluscos se suponían extinguidos hace aproximadamente 280 millones de años. Se han encontrado también celacantos y crustáceos vivos,

El *Nereus* —nave hermana del *Cyclops*, de los Estados Unidos— se ve en esta fotografía algún tiempo después de 1913. La nave partió de las Islas Vírgenes el 10 de diciembre de 1941 con dirección a Portland, Maine, y desapareció sin dejar el menor rastro en su ruta. (Fotografía: U.S. Navy.)

que igualmente se suponían extinguidos hace tanto tiempo como el que va de 70 a 300 millones de años.[2]

En un futuro próximo, ¿qué otros «fósiles índices» expondrán las profundidades del océano, y qué otros secretos para el pasado del hombre serán hallados bajo el mar?

El Triángulo de las Bermudas tiene en su cuenta más de mil vidas en los pasados veinticinco últimos años, incluyendo la desaparición de barcos y aeronaves, sin dejar rastro de sus estructuras ni de sus cadáveres. Unos cien aviones y barcos se han evaporado en el Triángulo, la mayor parte de ellos desde el año 1945, y de acuerdo con muchos libros recientes, las misteriosas desapariciones continúan ocurriendo a pesar de la capacidad y de la moderna

15

tecnología para rastrear y encontrar esas máquinas perdidas.

¿Qué secretos encierra el mar en el Triángulo de las Bermudas en relación a estas desapariciones?

¿Qué fue lo ocurrido en el vuelo 19, con los cinco Navy TBM Avengers, que desaparecieron durante un vuelo rutinario de instrucción en una misión que partió de Fort Lauderdale y de su estación aérea naval el 5 de diciembre de 1945? Fueron objeto de una de las más intensas operaciones de rescate por tierra y mar jamás llevadas a cabo. Ni el menor rastro de cadáveres, de manchas de aceite y ningún indicio de naufragio pudieron ser localizados, y el avión enviado al rescate, el «Martin Mariner», desapareció también..., sin dejar, igualmente, el menor rastro.

Otros aviones, incluyendo aeroplanos con pasajeros, se han desvanecido mientras recibían instrucciones para el aterrizaje, casi como si hubiesen volado a través de un agujero al cielo, de acuerdo con una encuesta llevada a cabo por el Departamento Naval de Investigación.

Grandes barcos, como el *Cyclops*, U.S.A., de 19.000 toneladas y 309 personas a bordo, se han perdido mientras que otros barcos y diversas embarcaciones han sido encontrados a la deriva en el Triángulo, con sólo un perro o un canario a bordo como únicos supervivientes.

El coronel Harvey Wolfe, una autoridad en misterios sin resolver, dice: «Normalmente, cuando un avión se viene abajo existe siempre alguna evidencia dejada atrás, indicando de qué forma encontró su destino. No ha ocurrido así con más de mil barcos, aviones y pequeñas embarcaciones que han desaparecido en el área conocida como el Triángulo de las Bermudas.

»Incluso han sido interrogados los pescadores de tiburones. A veces, cuando se ha perdido un barco, parte de restos humanos se encuentran en el estómago de algún tiburón. Pero los tiburones del Triángulo no han proporcionado ninguna pista para esas desapariciones tan fuera de lo común.

»Un avión americano en vuelo desde Puerto Rico a Miami estaba sólo a cincuenta millas de distancia de su destino, cuando el piloto solicitó instrucciones para el aterrizaje. Le fueron dadas las pertinentes instrucciones y el acuse de recibo fue contestado desde el avión, pero la tripulación y los pasajeros desaparecieron sin que jamás se haya vuelto a saber de ellos.

»Yo, personalmente, estuve implicado en la búsqueda de ese avión. Fue toda una frustración. No apareció nada, ni manchas de aceite, ni chalecos salvavidas, nada; sólo el océano en toda su magnitud.

»Ha existido una constante pérdida de barcos, yates y personas, pero nadie conoce la respuesta ni tampoco ha sido encontrado el menor vestigio de esas catástrofes.»[3]

Yayne Meshejian, profesor ayudante de física en el Centro de Longwood, de Farnville, Virginia, ha estudiado otro fenómeno en el Triángulo. Durante los pasados tres años y medio, Meshejian y sus alumnos han trabajado con cuatro satélites meteorológicos lanzados por la Administración Atmosférica Nacional Oceanográfica (NOAA). Dos (los NOAA-3 y NOAA-4) siguen aún su órbita.

«Tres de los satélites que hemos utilizado tienen las mismas características; envían a la tierra tanto imágenes visibles como infrarrojas de las pautas del tiempo atmosférico de la tierra. Pero de repente se paran y dejan de enviar ambas cosas. En su lugar, envían efluvios de infrarrojos, entonces visibles, después en forma alternada, y así sucesivamente. Con objeto de retardar la imagen visible mientras que la infrarroja está siendo enviada al suelo, queda momentáneamente almacenada en un compartimento magnético del satélite.

»La máquina registra, borra, vuelve a registrar y de nuevo vuelve a borrar. Todo cuanto yo puedo decir es que cuando el satélite pasa sobre la zona del Triángulo de las Bermudas, algo causa el oscurecimiento de la imagen visible.

»Presumo que sea lo que sea la causa de que esto ocurra, algo afecta al mal funcionamiento del registrador de la cinta magnética. Esto significaría que tenemos en el espacio referido algo de una naturaleza magnética que se interfiere con la cinta registradora.»

La controversia ha ido desarrollándose desde que el coronel pronunció una conferencia dando cuenta de sus hallazgos.

«Llamé a uno de los señores de la NOAA. Me dijo que el Gobierno era el responsable de todo esto. Si esto es así, entonces es el Gobierno el que tiene mucho que explicar sobre el particular. En los años pasados, si algo iba mal con los satélites, aunque sólo fuera una pequeña avería eléctrica, se apresuraban a contactar con todas las personas que trabajaban en el programa. Yo he visto a los satélites oscurecerse cuando pasan por encima del Triángulo y cuando vuelven después de rodear la tierra, todavía continúan en la oscuridad.»[4]

¿Qué otros misterios tiene el mar?

FENOMENOS NATURALES DEL TRIANGULO

Fosa de Puerto Rico

Los lugares más profundos del Océano Atlántico se encuentran a lo largo del norte y sur de las Antillas, comprendiendo las islas de Cuba, Haití, la República Dominicana y Puerto Rico.

A la altura de San Juan, el extremo sur del Triángulo, la profundidad llega hasta los 27.500 pies bajo el mar, y si tuviéramos que perforar un agujero en línea recta a través de la tierra, paralelo con el Ecuador, llegaría a salir dentro de las doscientas millas del foso de las Islas Marianas, la garganta más profunda de los abismos del Océano Pacífico, aproximadamente a 36.000 pies de profundidad cerca de las Islas Guam.

Los libros más recientes sobre este misterio coinciden en que muchos barcos y aviones han desaparecido de un modo un tanto extraño en la parte opuesta del Triángulo, es decir, en las antípodas, en el Mar del Diablo, que va, aproximadamente, desde Guam hasta Filipinas y Japón.

En el fondo del Mar de los Sargazos están los inmensos fosos abismales de Nares y Hatteras. Estos lechos planos de sedimentación yacen a profundidades de 19.000 pies.

Charles Berlitz dice que el fondo del océano existente bajo el Triángulo de las Bermudas fue formado hace cosa de diez a doce mil años. «En el año 1956 los doctores R. Malaise y P. Kolbe, del Museo Nacional de Estocolmo, ofrecieron la opinión de que los esqueletos de las diatomeas de agua dulce que el doctor Kolbe había extraído de una muestra procedente de una profundidad de 12.000 pies cerca de la cordillera atlántica, fueron originalmente depositados en un lago de agua dulce que existía sobre la superficie de un terreno ahora sumergido en el fondo del océano —dice Berlitz—. Estas diatomeas de agua dulce se estimaron de una edad entre diez a doce mil años.»[5]

Berlitz expone que existe una fuerte evidencia de que una masa de tierra continental existía en el

Mar del Caribe y que las islas y promontorios de las Antillas puede ser lo que sobresale de los picos de sus montañas.

En 1969 una expedición investigadora procedente de la Universidad de Duke estudió el fondo del Mar del Caribe y llevó a cabo operaciones de dragado en un número de lugares correspondientes a la zona de la cordillera de las Aves. En cincuenta ocasiones rocas graníticas (ácido ígneo) fueron sacadas a la superficie. Un distinguido oceanógrafo, el doctor Bruce Heezen, en un comentario sobre este tema ha observado: «Hasta ahora los geólogos han creído generalmente que el granito ligero o rocas de ácido ígneo están confinadas en los continentes y que la corteza de la tierra bajo el mar está compuesta de rocas basálticas más pesadas, y de color oscuro... De esta forma la aparición de rocas graníticas de color más claro pueden apoyar la vieja teoría de que un antiguo continente existió en la región del Caribe Oriental y que esas rocas pueden representar el núcleo de un continente perdido».[6]

¿Cuál fue la causa del colapso del suelo del océano? ¿Fue éste un antiguo continente que sufrió un trastorno cataclísmico repentino?

Los marinos que componían la tripulación formada por Colón sintieron un gran temor cuando vieron «las uvas tropicales» y creyeron que se hallaba cerca de tierra y navegando en aguas poco profundas. Pero la ciencia oceanográfica ha venido a descubrir que en aquel punto se encontraban a 22.000 pies por encima del fondo del océano.

La corriente del Golfo fluye hacia el oeste de esta área estacionaria; las corrientes de las Islas Canarias y las corrientes ecuatoriales del norte fluyen sobre el este y el sur. Esto proporciona una calma pavorosa que probablemente dio lugar al re-

El Mar de los Sargazos,* donde han abundado las leyendas de barcos perdidos desde los tiempos de Colón.
(Foto cortesía del Museo Marino de Newport News, Va.).

surgimiento de la leyenda temible del «Mar de los
barcos perdidos» y del «Mar del temor».

Hay leyendas fechadas en el año 500 antes de
Cristo concernientes a los marineros que cruzaron

---

* Mar de los Sargazos: Palabra portuguesa que
designa varias especies de vegetales marinos. (En la-
tín, *sargassum*.) Es también el nombre de una zona en
la región sudoeste del Atlántico Norte, precisamente al
sur del brazo principal de la corriente del Golfo. Estas
masas parecidas a islas cubren un área de un millón
y medio de millas cuadradas, o lo que es igual, ocho
veces el área de Francia. Se forman a lo largo de la
costa de Florida y son llevadas al Mar de los Sargazos
por las corrientes en torbellino de la corriente del
Golfo. Estos residuos se acumulan sobre el Triángulo
de las Bermudas, casi como si fueran desperdicios que
han surgido a la superficie procedentes de restos su-
mergidos.

el Mar de los Sargazos. Una de tales leyendas, que procede del almirante cartaginés Himilco, es como sigue:

> ...No hay ninguna brisa que empuje a la nave, tan muerta está la superficie del mar, donde no sopla ningún viento..., y existen muchísimas algas entre las olas, como si la nave navegase entre matorrales...

Aquí vemos una advertencia bien definida de extensiones de algas y la falta de viento. Incluso el nombre de *Latitud del caballo*, que se encuentra a través del Triángulo y del Mar de los Sargazos, tiene fama de una calma paralizante; cuando los galeones españoles quedaron inmovilizados por falta de viento, los españoles, aunque con repugnancia, se vieron forzados a matar sus caballos de guerra para ahorrar agua dulce.

Las leyendas marineras ya advertían a los marinos anteriores a Colón de que existía una gran superficie atlántica que era como una gigantesca sepultura que contenía barcos de todas las épocas y de marinos viajeros.

> Si una nave se quedaba en calma el tiempo suficiente para gastar los suministros almacenados, permanecía así hasta quedar virtualmente incapacitada para seguir navegando. Esas aguas tropicales tienen gusanos que atacan la madera de la nave por todas partes hasta convertirla en una masa podrida y maloliente tripulada por esqueletos..., que se deslizaban bajo la superficie recalentada de un mar en calma.[7]

Barcos como éste, encontrados abandonados flotando en el mar, sin ninguna vida a bordo (febrero de 1940), caracterizan la historia del Triángulo de las Bermudas. (Foto *United Press International*.)

El desove de las anguilas

Las anguilas europeas y americanas desovan en el Triángulo de las Bermudas.

Aristóteles (384 - 322 a. de C.) fue el primer naturalista de la antigüedad que informó haber comprobado la desconcertante cuestión concerniente a la reproducción de las anguilas de Europa. Las anguilas eran conocidas por el hecho de que dejaban sus lagos, corrientes y pequeños ríos para dirigirse hacia las grandes corrientes de agua que desembocan en el mar. El científico danés doctor Johannes Schmidt descubrió dos mil quinientos años más tarde adónde se dirigían las anguilas.

Las anguilas europeas ya adultas siguen los caminos acuáticos que desembocan en el Atlántico; allí se reúnen y nadan en los grandes bajíos progresando lentamente durante aproximadamente cuatro meses. Son acompañadas por bandadas de gaviotas que se alimentan de ellas y por rebaños de tiburones hasta que se encuentran en el Mar de los Sargazos, donde desovan a una considerable profundidad. Allí es donde mueren los animales adultos, y las anguilas nuevas (llamadas leptocéfalos) comienzan su largo viaje de vuelta a Europa conducidas por la corriente del Golfo, en un viaje que les lleva aproximadamente dos años.

Las anguilas que proceden del continente americano siguen la misma pauta, pero al contrario. Estas nadan hacia el oeste; encuentran a las anguilas del viejo continente en las profundidades del Mar de los Sargazos y las jóvenes vuelven a sus ancestrales hogares en América. Una teoría en relación a este fenómeno, es que las anguilas buscan sus terrenos originales de desove en el sitio del río desaparecido y que una vez discurrió a través de un continente que ahora se encuentra a millares de pies bajo el mar.

¿Qué conexión podrían tener estas criaturas serpentinas y el Mar de los Sargazos en el Triángulo de las Bermudas? El Mar de los Sargazos y las anguilas no tienen contrapartida en ninguna parte del mundo.

Campos magnéticos

¿Por qué las brújulas sólo apuntan al verdadero norte en el Triángulo de las Bermudas teniendo su contrapartida en el Mar del Diablo, en las costas del Japón?

Las brújulas erráticas son un fenómeno característico y turbador en esos lugares siniestros del mar.

Warren y Betty Miller, de East Lansing, Michigan, conocen todo esto de primera mano porque han sobrevolado el misterioso Triángulo muchas veces en su avión bimotor «Beechcraft E-95».

Los Miller se hallaban de vuelta a los Estados Unidos procedentes de Guatemala, cuando las agujas de los marcadores del avión se detuvieron en su funcionamiento. «Aún no podemos explicar lo ocurrido —dice la señora Miller—. En cualquier otra ocasión en que dejamos nuestro nivel de altura para repostar en Cozumel, veíamos la costa de Honduras al menos durante veinte minutos. Después, cuando se pierde de vista Honduras, aparece Cuba. Pero todo el tiempo que transcurrió en tales condiciones no vimos el menor indicio de la isla. Todo lo que pudimos ver fue un resplandor amarillento. Mi marido dio un giro de treinta grados con el cual pensamos ir en dirección a Cuba, pero aún seguía existiendo sólo aquel resplandor de color amarillo. Al principio pensamos que era la isla o la sombra de una nube sobre el océano. No puedo explicarlo. Era demasiado irreal y fantástico. Allí no existía nada.»

Volaban inicialmente a once mil pies con un panel de instrumentos completamente muerto.

Después de muchos intentos la pareja se las arregló para captar la Habana en onda corta y poco después una señal de Florida que les guió hacia Key West.

«Dijeron que no era que los instrumentos se hubieran estropeado, pero yo no sé qué otra cosa pudo haber sido —dice Miller—, excepto tal vez una atmósfera magnética especial de esa zona. Los instrumentos nunca actuaron así antes, pero dejaron de actuar desde que dejamos el Triángulo del Diablo (otro nombre dado al Triángulo de las Bermudas).»

La señora Miller tiene algunas teorías respecto al Triángulo.

«Nunca he visto un OVNI ni nada parecido, pero sé que hay algo allí que influye y afecta a los instrumentos.» [8]

Vórtice. Estos tornados marinos pueden destruir una nave o un avión si se cruzan en su camino.
(Foto *World Wide Photos.*)

¿Qué fuerza magnética puede causar estos disturbios?

En otras partes del mundo las brújulas apuntan al norte magnético, y la diferencia de grados es conocida como una variación de la brújula de este a oeste. La variación es de unos veinte grados cuando se da la vuelta completa a la tierra.

PERTURBACIONES FISICAS

Huracanes y tifones

Son llamados huracanes en el Triángulo de las Bermudas y tifones en el Mar del Diablo.

Estas destructivas fuerzas del viento crean todos los años auténticas catástrofes en las islas y países que encuentran a su paso. Las corrientes frías del norte, al ponerse en contacto con las corrientes ecuatoriales más cálidas, originan unos vientos de fuerza devastadora. Estas tormentas ciclónicas producen vientos que llegan incluso a alcanzar una velocidad de 150 millas por hora.

En «Características de los huracanes (*Cience*, 22 de septiembre de 1967, p. 1397), Banner I. Miller dice que los meteorólogos saben menos sobre la formación de los huracanes que de sus propias vidas.

Las perturbaciones procedentes de los huracanes que se forman ocurren casi diariamente en alguna parte de los océanos tropicales, pero con todo son pocos los que se transforman en huracanes de gran magnitud.

La formación de un huracán es un suceso relativamente raro, y los científicos no comprenden aún todos los eslabones de la cadena que es la causa de que tales acontecimientos se produzcan.

Esto hace surgir la pregunta del por qué estas fuerzas destructoras prevalecen de tal forma sobre esas dos áreas.

¿Podría haber algo más que la mezcla de las corrientes caliente y fría?

Vórtices

Los tornados que cruzan los mares y que ocurren en ciertas épocas hacen surgir vastas espirales de agua a grandes alturas en el cielo.

Un vórtice puede partir en dos un barco o un avión que vuele a baja altura, de igual forma que un tornado sobre la tierra destroza o eleva por los aires casas, vallas, vehículos y personas.

El capitán Joshua Slocun fue el marinero más conocido del mundo en su época. Fue el primer hombre en la
historia que navegó alrededor del mundo completamente solo. Aquí aparece cerca de Washington, D. C.,
en mayo de 1907. Dos años más tarde puso velas desde
Martha's Vineyard hacia Sudamérica; nunca más se
supo de él. (Foto cortesía del Museo de los Marinos, de
Newport News, Va.)

Los vórtices pueden ser vistos durante el día, pero no así durante la noche. Entonces tanto las naves como los aviones quedan a su merced. Es en estas áreas donde muchos de ellos se han hundido. ¿Podría existir alguna relación entre sus fuerzas destructivas y otras fuerzas misteriosas existentes bajo el mar?

Turbulencias sin nubes

Las presiones existen en la atmósfera de tal forma que pueden ser comparadas aproximadamente con las olas de las mareas. La turbulencia puede producirse hacia arriba o hacia abajo o en cualquier dirección. Cuando los aviones encuentran estas turbulencias el efecto es como volar dentro de una pared de ladrillos.

Berlitz dice: «En general, la turbulencia no puede ser prevista, aunque se encuentra generalmente en el borde de la corriente de un reactor y la corriente de aire que se mueve a través de los cielos por encima de la tierra es, en gran medida, como la corriente del Golfo que se mueve a través del océano, pero con una velocidad considerablemente mayor, a doscientos nudos por hora, comparada con la corriente del Golfo que transcurre a cuatro nudos o menos. La turbulencia podría explicar posiblemente la pérdida de algunos aviones ligeros en el Triángulo de las Bermudas, empujándoles fuera de su curso de acuerdo a la cantidad de presión ejercida (el factor G) o formando repentinamente un vacío y hundiendo el avión dentro del mar. Sin embargo, es dudoso que la súbita presión con sus cambios pudiera haber sido la razón para todas las pérdidas de aviones en el Triángulo y que al mismo tiempo hubiera puesto fuera de servicio sus instrumentos de comunicación».[9]

29

El *Spray* era el bote de Joshua Slocum, en el cual embarcó en noviembre de 1909, pero jamás regresó ni se hallaron restos de su naufragio. Foto cortesía del Museo Marítimo de Newport News, Va.

Tsunamis

Estas gigantescas olas son causadas por disturbios como consecuencia de los maremotos. Se sabe que han alcanzado una altura de doscientos pies. Estas olas pueden formarse sin previo aviso y pueden hundir fácilmente un navío. Infinidad de barcos de todo tipo de tamaño y dimensión, han sido destrozados por la tremenda presión producida.

El *Ramapo*, barco estadounidense, informó el 6 de febrero de 1963, de una ola de 112 pies de altura. Los deslizamientos submarinos pueden ser la causa de estas enormes olas. Están causadas por la ruptura o la falla de la corteza terrestre. Estas olas, aunque más pequeñas en altura, son más engañosas. Producen una gran proporción de poderosas mareas de agua que las siguen. Semejantes olas pueden aplastar un barco y dejar sus restos extendidos a lo largo de grandes distancias, perdiendo parte de su fuerza conforme se va desplazando.

¿Podrían estas repentinas olas ser la causa de alguna de las desapariciones?

LA ATLANTIDA

Según el relato de Platón

El misterio que rodea al Triángulo de las Bermudas es antiguo y legendario. Cuatrocientos años antes de Cristo, Platón se refirió a un continente perdido en el Atlántico.

Su relato procede de otro anterior escrito por Solón, un ateniense hombre de estado, que describe una conversación entre los sacerdotes egipcios y Solón, en una de sus frecuentes visitas a Egipto.

Los sabios de Sais informaron a Solón sobre el particular, pero a causa de la extensión del trabajo

En enero de 1976 el mayor Claude Riddle, fotografiado aquí, localizó un OVNI en la cola de su helicóptero. Piloto veterano, lo describió "brillante como un diamante y tan grande como un reactor de las líneas aéreas". Otras veinticuatro personas también vieron el mismo objeto. (Fotografía reproducida con autorización del *National Enquirer*.)

y los costosos medios de escritura de aquellos tiempos, el relato nunca fue acabado. Entonces fue dejado a Platón para que terminase la historia en una fecha posterior.

Su relato comienza diciendo que los dioses dividieron la tierra entre ellos y construyeron templos para los sacrificios. Poseidón, el dios griego de los mares, casado con una mujer mortal, se estableció en la isla de la Atlántida. Su esposa, Cleito, le dio cinco pares de hijos gemelos, todos varones, y él les hizo gobernadores sobre diez porciones de la isla. Les dio los nombres, desde Atlas, su hijo mayor, hasta Diaprepes, el más joven. El Atlántico tomó su nombre de Atlas.

El templo fue dedicado a Poseidón y Cleito y fue rodeado por una cerca de oro. Los animales que sacrificaban fueron caballos. La descripción de su reino mencionaba «metales raros, maderas, animales salvajes, elefantes, puertos, canales, un palacio real en el centro y piedras con las que se edificó el templo de Poseidón, con fuentes y árboles».

En resumen, la Atlántida fue un «jardín del Edén», un paraíso. Platón continúa diciendo que mientras la *naturaleza divina* permaneció en ella, fueron obedientes a las leyes y amaron a los dioses, todo transcurrió perfectamente. Pero cuando la *parte divina* comenzó a desvanecerse en ellos, la *naturaleza humana* se impuso y comenzaron a degradarse. Fue en aquel momento cuando Zeus, el padre de los dioses que imponía la ley, convocó una conferencia con sus dioses.

El relato termina aquí de manera abrupta.*

---

* Esta y otras coincidencias entre las enseñanzas de la Biblia y los mitos y tradiciones paganas como son los relatos del origen del mundo y caída de nuestros primeros padres, el diluvio de Noé, etc., no prueba que la Biblia sea tributaria a mitos y religiones del pasado, como afirman los modernistas, sino que puede ser y es lo más probable que los mitos se formaron de la tradición adámica propagada de generación en generación, la cual se corrompió con el curso de los tiempos como puede observarse en la tradición babilónica del Diluvio, como se encuentra en las tablillas de Nínive en la epopeya de Gilgames y que tiene gran parecido con el relato bíblico de Génesis 6:8, pero aparecen ya en ella múltiples dioses que acuden como moscas al percibir el olor del sacrificio de Utnapishtim (Noé), lo cual prueba la verdad de que los hombres conocieron a Dios por la tradición auténtica de los patriarcas, pero "no le honraron como a Dios ni le

En esta inacabada obra llamada *Critias*, la Atlántida es la utopía de una civilización lejana en el pasado del tiempo. En el *Timaeus* describe la destrucción de la Atlántida «en un día y una noche» por un gran diluvio cataclísmico. Esta repentina catástrofe llenó el mar de lodo, que estorbó la navegación.

Otros historiadores

Los siguientes historiadores que mencionaron la Atlántida fueron los siguientes:

Crantor (300 a. C.), que creyó que tal relato era cierto.

Poseidonius (135-51 a. C.), filósofo estoico y escritor que viajó ampliamente, creyó que la historia de

dieron gracias"; ni quisieron tener en cuenta sus mandatos, que seguramente ellos tuvieron con más amplitud que el breve relato del Génesis. Es indudable por las referencias de la Biblia, que Dios instruyó a Adán sobre la castidad (Génesis 39:9), la familia (Mateo 19: 1-11), el día de reposo (Exodo 20:8) y el valor de los sacrificios expiatorios como símbolo del gran sacrificio redentor que El tenía en mente. Pero la humanidad primitiva no quiso tener en cuenta los mandatos de Dios dados a Adán y reiterados en Moisés, sino que los rechazó o interpretó parcialmente de un modo erróneo y grosero. Dios nunca toleró que se le sacrificasen víctimas humanas; sin embargo, esta fue la interpretación que los sacerdotes paganos dieron a la idea del sacrificio.

Posiblemente Dios reveló también algo referente a la esencia del Ser divino como uno y trino, con el propósito de hacer comprensible la propia teofanía que estaba revelándose a Adán, y finalmente el propósito divino de la redención por el sacrificio de la segunda persona de la Divina Trinidad; pero los que recibieron los informes del "abuelo de la humanidad", Adán, no se fijaron más que en detalles esotéricos erróneamente interpretados, dando lugar a las tradiciones erróneas de la mitología y las múltiples desviaciones religiosas del paganismo.

la Atlántida era una combinación de acontecimientos en parte actuales y en parte imaginarios.

Estrabón (67 a. C. a 23 d. C.), el gran geógrafo de la antigüedad, sostuvo el mismo punto de vista. Los eruditos alejandrinos (330-400 a. C.) creyeron que la destrucción de la Atlántica fue un hecho histórico.

Sin embargo, el gran ímpetu para las nuevas especulaciones sobre el misterio de la Atlántica, fue proporcionado por las exploraciones de Cristóbal Colón en el Caribe. En el año 1553 Francisco López de Gomara teorizó de que América era el continente del otro lado del Atlántico a que se referían los diálogos del Platón. Más tarde, Sir Francis Bacon emitió la hipótesis de que el continente recién descubierto, era de hecho, la Atlántida.

No fue sino hasta en 1882 cuando un antiguo miembro del Congreso de los Estados Unidos, por Minnesota, escribió su clásico libro, *La Atlántida, el mundo antediluviano*, comenzando entonces el resurgimiento de un nuevo interés en el tema. Aunque existen más de cinco mil libros y trabajos sobre la Atlántida, su popularidad ha crecido desde que Ignatius Donnelly realizó sus deducciones científicas.

LAS CONEXIONES CON EL OCULTISMO

Ivan Sanderson, el fallecido científico y abogado del continente perdido de la Atlántida, sugiere en su libro *Invisible Residents* («Residentes invisibles») que «existe una civilización submarina en este planeta que ha estado aquí desde hace muchísimo tiempo...» y que es considerablemente más avanzada que la nuestra.

Berlitz dice que tal civilización subterránea en el Triángulo explicaría el porqué numerosos observadores dignos de confianza han visto OVNIS bajo las claras aguas y en los cielos, bien yendo desde el mar al cielo o desde el cielo al mar.[10]

El oceanógrafo doctor Manson Valentine, que ha estudiado los extraordinarios sucesos ocurridos en el Triángulo durante varias décadas desde el propio Triángulo de las Bermudas, dice:

> Los OVNIS en el cielo han sido vistos tan a menudo en el Triángulo por pilotos de aviones y por tripulaciones de barcos, que ha llegado a ser corrientemente un hecho muy común, y de manera especial sobre la Lengua del Océano.

El mencionado doctor sostiene que existen seres inteligentes dirigiendo los OVNIS, que son «no solamente los que toman muestras y comprueban nuestros progresos científicos, sino que están volviendo a lo que puede haber sido la localización de lugares sagrados del remoto pasado, tal vez centros de energía o estaciones de fuerza que ahora están cubiertos por el mar. Hemos descubierto en años recientes cerca de Bimini y otros lugares de las Bahamas grandes complejos de edificios y construcciones en el fondo del mar, una indicación de que existió un alto estado de civilización en aquellos lugares hace muchos miles de años. Es más que curioso que tantos incidentes ocurran en esta zona y que sean vistos tantos OVNIS no solamente en el cielo, sino entrando y saliendo del océano».[12]

La vista de OVNIS en el Triángulo es mucho más frecuente que en cualquier otra parte del mundo, dando lugar a especulaciones en el sentido de que los OVNIS están capturando aviones y barcos, con sus tripulaciones y pasajeros, para llevarlos a otro mundo.

John Spencer, autor del libro *Limbo of the Lost* («El Limbo de los desaparecidos»), apoya la peregrina teoría de los OVNIS:

> La completa desaparición de 575 barcos en un mar en calma a 50 millas de distancia de las líneas comerciales marítimas o aéreas a punto de aterrizar, o en el despegue, es algo que no puede ocurrir, de acuerdo con las normas terrestres, pero con todo, ha sucedido. Estoy forzado a concluir que están siendo tomados para llevarlos lejos de nuestro planeta.[13]

Uno de los elementos fuera de lo común es la misteriosa desaparición del vuelo 19 en el año 1945, con la probable implicación de un OVNI. El informe fue hecho público veintinueve años más tarde por el autor y conferenciante Art Ford, en el año 1974, en un programa de la televisión nacional. Hizo la sorprendente revelación de que el comandante de aquel vuelo, el teniente Charles Taylor dijo por la radio durante un mensaje de emergencia a la torre de control: «No puedo explicárselo..., parece como si fuesen objetos del espacio exterior».

Ford dijo que la conversación fue oída por un operador de radio, pero no le dio mucha credibilidad al asunto hasta años más tarde, cuando localizó la frase «No puedo explicarlo», mientras examinaba una transcripción secreta antigua de las transmisiones del jefe de aquel vuelo.

«Este misterio final —dice Berlitz— con la sugerencia de una intervención de seres de otros mundos, se repite en muchas otras desapariciones.»[14]

La referencia de Berlitz a «intervención de seres de otro mundo» es interesante. Existe una sobrecogedora evidencia bíblica de un mundo espiritual y sobrenatural que no es perceptible para nuestros sentidos, y con todo, se mueve paralelo a nuestro mundo material y nos afecta profundamente. Este mundo paralelo es la habitación de los espíritus.

John Weldon, en el libro *OVNIS. ¿Qué está sucediendo en la Tierra?*, discute este mundo paralelo en conexión con los OVNIS.

> El mundo paralelo es un mundo totalmente habitado ocupado por una variedad de seres y entidades bastante parecido al mundo que vemos. La Biblia caracteriza el mundo espiritual como hallándose en un estado de guerra a nivel angélico. Los propios hijos de Dios están en permanente confrontación. Lo vemos claramente en las experiencias dolorosas de Job y lo veremos revelado objetivamente en la tribulación por venir.
>
> El libro del Apocalipsis presenta un mundo completamente diferente del que estamos acostumbrados: en el fin de los tiempos del Apocalipsis los seres espirituales del bien y el mal se manifestarán sobre la tierra y no habrá duda ulterior sobre qué suerte de conflicto va a ocurrir en su provincia.[15]

El mundo del espíritu es tremendamente significativo para el mundo material. Como dice Weldon,

> ...son cuestiones vitales y esenciales para todos nosotros, y con todo, no definibles por medios científicos o naturales tales como el amor, la belleza, Dios, el diablo, ESP (Percepción extrasensorial) y más verosímilmente los OVNIS; todos

están a nuestro alrededor. Somos conscientes de ellos sólo a través de su
intrusión en nuestros asuntos y no por
la observación.[16]

Creemos que las entidades en el mundo paralelo
se están introduciendo en el reino de lo material, y
estamos viendo los efectos en un mundo que se
mueve rápidamente hacia un período de tremendos
cataclismos geológicos, sociales, políticos y reli-
giosos.

Si bien sabemos que los medios de su información están enraizados en el ocultismo o espiritismo,
es significativo que los síquicos, por todas partes,
están prediciendo un gran cataclismo de la tierra
antes del año 2000. A juzgar por las profecías de la
Biblia y las condiciones del mundo, parece que todo
ello puede ser verdad en un tiempo muy aproxi-
mado.

Mientras que los cataclismos geológicos aparecen sobre el horizonte, hay otro cataclismo en marcha que es incluso más significativo. Es el clima de
la humanidad.

Los poderes de las tinieblas están concentrando
sus esfuerzos sobre nuestra desenfrenada sociedad.
De la misma forma y con la misma intensidad que
el diablo precipitó el juicio de Dios sobre la tierra
en el Diluvio de Noé, así el diablo está conduciendo
y arrastrando al mundo de hoy hacia el desastre.

El diablo se está manifestando no solamente en
los pecados comunes al hombre desde la caída de
Adán, sino en la dramática reavivación y resurgimiento del ocultismo y del culto a Satán.

Weldon dice:

Algunos teólogos dan crédito a demonios parecidos a los mencionados a través de la Escritura con la manifesta-

ción global y periódica del mal que ha
plagado nuestro mundo.[17]

Y Lewis Chafer, a su vez, dice:

Un incremento similar en la actividad
de los demonios está predicho para el
final de esta edad y en la gran tribulación.[18]

Estamos de acuerdo con Weldon en que los demonios —seres espirituales procedentes del mundo
paralelo— se encuentran detrás del fenómeno de
los OVNIS. (Ver Apéndice.)

El hecho de que los OVNIS estén incluidos en
los misterios del Triángulo de las Bermudas aporta
otra dimensión a lo que está sucediendo allí.

Aunque un cierto porcentaje de las desapariciones y otros fenómenos del Triángulo pueden ser
atribuidos a causas naturales, existe bastante cantidad de hechos misteriosos o inexplicables que
hacen surgir preguntas que necesitan ser contesta-
das. Tanto si son explicables o no, nuestra tesis
consiste en que esas entidades procedentes del mundo paralelo están implicadas en ellas. Hay mucho
que no tiene que ser misterioso o inexplicable para
estar influenciado por el mundo de los espíritus.
Lo que puede parecer sobrenatural para nosotros,
es muy natural en ese mundo, y la influencia de tal
mundo sobre el nuestro es muy fuerte.

Mientras permaneció Jesús en su cuerpo terrenal, habló, por ejemplo, «al viento y al mar, y le
obedecieron» (Mateo 8:27; 14:24-32; Marcos 4:39);
Dios dividió el Mar Rojo para Moisés «mediante un
fuerte viento del Este» (Exodo 14:21); y los ángeles
«pueden evitar el viento en su fuerza» (Apocalipsis
7:1), o «producir un terremoto» (Mateo 28:2).

Las entidades del mal tienen poderes similares a los seres humanos, pero los usan para medios destructivos. Dice la Biblia que Satán puede aparecer como un ángel de luz con conocimiento intelectual, ideas positivas y sorprendente filosofía; pero su intento es el engaño, el fraude y la destrucción.

Existen suficientes evidencias en la Escritura para decir que Dios utiliza a menudo emisarios del mal para llevar a cabo un juicio.

Veamos el ejemplo de Job.

Se nos dice que un día cayó fuego del cielo y quemó sus rebaños y ovejas y que «un gran viento procedente del desierto» (posiblemente un tornado) destruyó la casa de su hijo primogénito, donde los demás hijos estaban celebrando una fiesta familiar, matando a todos ellos. Sabemos que Satán estaba detrás de tales incidentes porque Dios dijo a Satán: «...todo lo que él [Job] tiene está en tu poder...; así Satán se alejó de la presencia del Señor» y comenzaron a suceder cosas malas a Job (Job 1:12-22).

Creemos que entidades diabólicas se encuentran detrás de muchos de los disturbios físicos que se dan en el Triángulo de las Bermudas, como veremos más tarde.

Puede parecer increíble la teoría de Sanderson en relación a una presente civilización submarina y la especulación de que los OVNIS proceden de esa zona. Tales fantasías tienen a menudo un cierto fondo de verdad, incluso si esa verdad viene de fuentes ocultistas.

Las entidades del espíritu no están ligadas por el tiempo. Satán puede obtener y proporcionar el conocimiento respecto al antiguo pasado como al futuro.

Aceptamos estas teorías sólo hasta el punto en donde pueden estar apoyadas por la Escritura. Existe una evidencia bíblica de que un mundo o civilización de orden diferente existe en el aire y en el interior de la tierra y de que algunos de sus visitantes tienen una profunda influencia sobre nuestro mundo.

Más adelante, en este libro, examinaremos la evidencia bíblica. Por el momento veamos lo que dicen algunos afamados clarividentes.*

LO QUE DICEN LOS CLARIVIDENTES

Edgar Cayce

Dice que existe una gran ciudad sumergida bajo el mar cerca de la isla de Bimini, a cincuenta millas al este de Miami. Cree que la vida originada en el continente perdido de la Atlántida, se encuentra allí y que hoy ha sido reencarnada mediante muchas «entidades» en nuestras formas presentes. El las llama «nuestras reencarnaciones atlántidas».

Cayce nació en una granja cerca de Hopkinsville, Kentucky, el 18 de marzo de 1877. Murió el 3 de enero de 1945, a la edad de 67 años. Desde los veinticinco años y por un período de cuarenta y tres, dejó más de catorce mil registros estenográficos documentados con declaraciones de clarividencia telepática obtenidos de más de ocho mil personas.

El se refiere a estos documentos mecanografiados como «lecturas». Llevó a cabo las lecturas tras haberse sumido en un sueño hipnótico y estar en

---

* Al citar a estos ocultistas, los autores no quieren comprometer ningún crédito ni aval de sus prácticas, como el lector comprobará, ya que se atienen a las enseñanzas de la Biblia acerca del origen y razón de tales fenómenos (Deuteronomio 18:9-14). Las citas no tienen otro objetivo que ofrecer una información. *(Nota del Trad.)*

condiciones para «ver» a las personas a la luz de su pasado, como presentes y futuras «entidades».

Fue mediante estas lecturas que Cayce predijo el futuro de las personas sobre la base de sus vidas pasadas en otras formas y lugares.

A la edad de seis o siete años dijo a sus padres que estaba capacitado para «ver» y hablar con visiones. Cuando tenía veintiún años, en 1898, se convirtió en vendedor de una compañía. Por esta época se le desarrolló una parálisis gradual de los músculos de la garganta, cuya enfermedad le amenazaba con la pérdida de su voz. Cuando los médicos se declararon incapaces de encontrar cualquier causa física, intentaron la hipnosis. Pero esta terapia fracasó también.

Como último recurso Cayce le pidió a un amigo que le ayudase a reentrar en la misma clase de sueño hipnótico que le capacitase para memorizar su libro de texto en la escuela cuando era niño. Una vez que estuvo en este trance resolvió su propio problema recomendando terapia de medicamentos y masajes que, con éxito, le restauró la voz y le curó su enfermedad de la garganta. Siguiendo este método estuvo en condiciones de curar los padecimientos de miles de otras personas hasta su muerte, acaecida en 1945.

Desde 1923 y por espacio de los veintidós años que le restaban de vida a Cayce, sus «lecturas» de la Atlántida comenzaron a aparecer. Cubrían todo lo referente a la tecnología, la geografía, los nombres de las personas que vinieron en edades pasadas y la destrucción final de la Atlántida.

Cayce describió tres períodos destructivos para el continente perdido, el último a causa de que los «seres divinos» invadieron los cuerpos de las criaturas preadámicas para su propio engrandecimiento». Cayce llama «Hijos de Belial» a los seres espirituales que tomaron posesión de los cuerpos de criaturas humanas, y a aquellos que se abstuvieron de hacerlo, «Hijos de la Ley».*

Darwin Gross

Llamado el Maestro Eck viviente; dice que vio la «luz» cuando estuvo a punto de estrellarse con su automóvil hace años; pero que un par de manos que no eran las suyas «sujetaron el volante»; salió ileso del accidente y dedicó su vida al único que, dice, le ayudó: Eckankar.

Eckankar es el nombre de la antigua ciencia del viaje del alma.

«Esta organización es antigua —dicen sus seguidores— porque el movimiento tuvo su origen en el *continente perdido de la Atlántida.*» Las oficinas centrales de Eckankar están en Menlo Park, California, y tiene abiertas muchas nuevas oficinas alrededor del mundo.

Ed Snedeker

Una de las primeras soluciones presentadas respecto al misterio del Triángulo procede del «tercer ojo» de Ed Snedeker, síquico de Connecticut. Snedeker dice que sabe dónde están todos los que perdieron la vida en lo que él llama «zona crepuscular del Triángulo de las Bermudas», puesto que pretende haber estado en «contacto» con esas personas. El citado síquico dice que no solamente les ha visto sino que ha conversado con algunos de ellos. Aunque son invisibles y jamás serán vueltos a ver nue-

---

* Parece otro modo de referirse a la caída de los ángeles expuesta en la Biblia.

vamente en la tierra, están presentes y sus voces pueden ser oídas por los síquicos.

Uno de los hombres con quien Snedeker dice que ha contactado, es un piloto de la RAF que cayó en el Triángulo alrededor de 1945.

«Cuando le buscamos y le encontramos en 1969, todavía estaba *vivo* —dice Snedeker—. ¿Y sabe dónde estaba? ¡En algún lugar *dentro del hueco de la Tierra!*»[19]

M. B. Dykshoorn

Este adivino de Miami, Florida, dice haber visto un gigantesco remolino que se origina en un *agujero* en el *fondo del océano*, en el Triángulo, el cual, cuando alcanza la superficie, arrastra todo cuanto existe en el aire circundante; incluso aviones que vuelan a diez mil pies, a los grandes barcos y a cualquier cosa que desaparece sin dejar rastro.[20]

¿Podría este agujero ser la entrada al mundo subterráneo?

Page Bryant

Al parecer esta adivina ha predicho con precisión muchos acontecimientos, y dice que una fuerza de energía desconocida desmaterializa los aparatos aéreos y los grandes barcos en el Triángulo de las Bermudas permitiendo a los OVNIS entrar y salir de la tierra.

La señora Bryant, mediante el transmédium de la sicometría, concluye que el Triángulo es un vórtice de un campo de energía desconocida, que extrae su poder de otros planetas y del campo magnético de la tierra.

Sus conclusiones se han producido tras dos vuelos hechos por ella sobre el Triángulo bajo la subsiguiente hipnosis, durante la cual pretende haber entrado en contacto con los que perdieron sus vidas allí. Dice que el Triángulo es el lugar donde los OVNIS entran y salen de la tierra.

«La totalidad de esta área es el vórtice de una anomalía magnética que permite a estos OVNIS entrar y despegar de la atmósfera de la tierra. En el primer vuelo dentro del territorio del Triángulo vi debajo de nosotros en mi mente sumida en trance, una base submarina o caverna subacuática. Supe que aquel lugar era utilizado como una base para los OVNIS.»

Dice también que vio en algún lugar impreciso del Triángulo como un tubo de energía que se extiende desde esta parte del Atlántico llamado el Triángulo de las Bermudas, hasta su correspondiente sector de las Antípodas en el Océano Pacífico conocido como el Mar del Diablo, donde muchos barcos también han desaparecido bajo misteriosas circunstancias.

¿Qué es lo que ocurre a quienes entran en esta zona de energía?

«Se desmaterializan, y pasan a otra dimensión —explica ella—. Ellos están muertos para nosotros en este plano, pero su energía y sus espíritus, continúan activos. Lo sé porque en el primer vuelo que hicimos sobre el Triángulo hice un contacto como médium con uno de los marinos que desaparecieron el 5 de diciembre de 1945. Su nombre es Robert Francis Gallivan, y durante una de las sesiones de hipnosis, me dijo: "¡Dios mío, déjame decir lo que ha ocurrido!"»[21]

PERSONAS DESPLAZADAS

La Biblia tiene muchas similitudes y correlaciones con todas estas declaraciones.

Cayce habla de tres destrucciones de la tierra debido a la «caída» de lo divino en lo carnal. La Biblia nos deja entrever dos destrucciones debido al «resurgimiento del orgullo» y la mezcla matrimonial de ángeles con el género humano. (Ver Apéndice.)

Cayce, Snedeker y Bryand dicen que han estado en contacto con espíritus de personas ya fallecidas en la zona del Triángulo. El Sheol-Hades de la Biblia es un lugar para los espíritus que han partido que se encuentra bajo el mar, como veremos más adelante.

Gross dice que su movimiento sectario tiene sus orígenes en la Atlántida. La Biblia habla de espíritus desprovistos de cuerpo que «perdieron su dignidad» con motivo de la caída de Lucifer, el arcángel de Dios. Estos espíritus están todavía en el mundo de hoy y son capaces de comunicar hechos sobrenaturales a los hombres.

Dykshoorn ve un agujero en la tierra. Uno de los significados del Sheol-Hades de la Biblia es literalmente un pozo subterráneo o un agujero. Otro significado, que sigue más de cerca a la raíz de la palabra «Sheol», es «un lugar de interrogatorio». Si la entrada en el mundo subacuático está en el Triángulo, es significativo observar cuánto misterio y curiosidad ha surgido en los últimos pocos años por esta zona.

Platón dice que Poseidón (el nombre de Neptuno en el panteón de los dioses romanos) fue el rey de esta antigua civilización de la Atlántida y que sacrificaba caballos. ¿Podría ser el Lucifer bíblico, el querubín ungido que cubre toda la tierra? (Ezequiel 28:14).

¿Existe alguna relación entre «las latitudes del caballo» en el Mar de los Sargazos y los centauros con cola de escorpión que salen del pozo del abismo durante el período de la tribulación de las cuales leemos el libro del Apocalipsis cuyo rey es Abadón, que significa «destrucción»?

La Biblia se refiere a un mundo en el interior de la tierra en los siguientes pasajes bien conocidos:

> «Por lo cual Dios también le exaltó hasta lo sumo, y le dio un nombre que es sobre todo nombre, para que en el nombre de Jesús se doble toda rodilla de los que están en los cielos, en la tierra y debajo de la tierra.
> »Por lo cual dice: Subiendo a lo alto, llevó cautiva la cautividad, y dio dones a los hombres.»
>
> (Filipenses 2:3, 9-10)

> «Y eso de que subió, ¿qué es sino que también había descendido primero a las partes más bajas de la tierra? El que descendió es el mismo que también subió por encima de todos los cielos para llenarlo todo.»
>
> (Efesios 4:8-9)

> «Porque también Cristo padeció una vez por los pecados, el justo por los injustos para llevarnos a Dios, siendo a la verdad muerto en la carne pero vivificado en espíritu, en el cual también fue y predicó a los espíritus encarcelados, los que en otros tiempos desobedecieron, cuando una vez esperaba la paciencia de Dios en los días de Noé, mientras se preparaba el arca, en la cual pocas

personas, es decir, ocho, fueron salvadas
a través del agua.»

(1.ª Pedro 3:18-20)

«Y el mar dio los muertos que había
en él.»

(Apocalipsis 22:3)

NOTAS DEL CAPITULO I

1. Whitcomb, John C. Jr., and Morris, Henry *The Genesis Flod* (Baker-Book House, Grand Rapids, Mich. 1961), p. 178.
2. Ibid. p. 79. Ver también "The Chambered Nautilus, enero 1976, pp. 38-41, *National Geographic*.
3. *The Daily Breeze*, Torrance, Calif., 26 marzo de 1974.
4. *National Tattler*, julio 1975, p. 36.
Nota del autor: Puesto que este artículo apareció en el *National Tattler*, hemos hablado con Wayne Meshejian en el Longwood College de Farmville, Virginia, donde estaba dando clase de Física. Dedicó el tiempo necesario para explicarnos la controversia existente sobre los satélites NOAA. Pone en duda la confianza que merece la explicación del Gobierno respecto a los apagones. Dice que los organismos oficiales del Gobierno han cambiado su relato en relación a las razones de los apagones, varias veces. Sigue creyendo que el Gobierno está manteniendo en secreto alguna información.
5. Berlitz, Charles. *The Bermuda Triangle* (Doubledy & Company, Inc., Garden City, N. Y., 1974), página 127.
6. Ibid., p. 165.
7. Villiers, Alan. *Wild Ocean*, 1957.
8. *Midnight*, 16 junio 1975.
Nota del autor: En relación con este incidente ocurrido el 21 de febrero de 1975, hemos charlado con Betty Miller. Ella, no sólo nos confirmó este relato, sino que testificó que es una católica carismática y ama a Jesucristo. Ella y su marido cultivan una gran-

ja de cuatrocientos acres en East Lansing, Michigan. Durante los meses de invierno realizan labor misionera en Guatemala.

9.   Berlitz, op. cit., p. 112.
10.   Ibid., pp. 119-120.
11.   Ibid., pp. 119-120.
12.   Ibid., pp. 116-117.
13.   Ibid., p. 102.
14.   Ibid., pp. 20-21.
15.   Weldon, John, *UFO'S, What On Earth is Happening?* (Harvest House Publishers, Irvine, Calif. 1975), pp. 120-121.
16.   Ibid.
17.   Ibid., p. 3.
18.   Chafer, Lewis, *Systematic Theology* (Dallas: Seminary Press, 1971), Vol. I, p. 117.
19.   Jeffrey, Adi-Kent Thomas, *The Bermuda Triangle* (Warner Paperback Library, P. O. Box 690, N. Y.; N. Y. 10019, 1975), p. 174.
20.   Berlitz, op. cit., pp. 205-206.
21.   National Tattler, 26 enero 1975.

Capítulo 2

Las ciudades perdidas

*Miré a la tierra, y he aquí que
estaba asolada y vacía; ...era
un desierto y todas sus ciudades eran asoladas.*
(Jeremías 4:23, 26)

Para escapar a las realidades presentes, el hombre vive en la nostalgia del pasado. Le gusta recordar aquellos períodos seguros de su infancia, de
su hogar, con la escuela y sus amigos.

Igual ocurre con Lucifer, el fugitivo angélico del
reino de Dios, conocido hoy por Satán o el diablo.

El comienzo de Lucifer fue bendecido. La Biblia
le llama «perfecto en belleza» y «querubín ungido».
Era perfecto en todos sus aspectos hasta que se
encontró pecado en él. Se convirtió entonces en un
fugitivo, extraño al reino de Dios. Nunca ha vuelto
a reclamar su primitivo estado, y vuelve a vivir una
y otra vez mediante las vidas de aquellos que eli-

gen su religión de obras en lugar de la salvación de Dios mediante la gracia.

Las profecías bíblicas concernientes a la venida del reino de Dios, están siendo cumplidas. La realidad de este hecho pone en temor a los corazones de los seres angélicos caídos y de los espíritus que una vez vivieron en la tierra bajo el reino de Lucifer. Se encierran en los sueños de su primitivo hogar mientras que su líder propaga las «religiones» que apoyan esta fantasía.

Como parte de su juicio, el mundo de Lucifer fue destruido por el diluvio.

DOS DILUVIOS

Según parece hubo dos destrucciones universales en el remoto pasado y ambas como consecuencia de sendos diluvios. El diluvio luciferino pudo haber tenido lugar entre once y nueve mil años antes de Cristo cuando tuvo su clímax la edad del hielo, mientras que el diluvio de Noé se produjo entre los siete y cinco mil años antes de Cristo, llegando con ello el fin de los antediluvianos de la época de Noé. (Ver Apéndice.)

La Biblia proporciona algunas breves visiones sobre los efectos del diluvio luciferino. Génesis 1:2 dice que la tierra estaba cubierta de «aguas» y estaba «sin forma y vacía». La tierra seca no aparece hasta la renovación de la misma, en los versículos 9 y 10, en los que dice que «aparezca la tierra seca: ...Y Dios llamó a lo seco, tierra...» (Ver Apéndice.)

La Biblia proporciona, también, una breve mirada al sistema social preadámico. En el pasaje 3:6 de 2.ª Pedro se dice que «por lo cual el mundo de entonces pereció anegado en agua». (Ver Apéndice.) La palabra griega traducida por mundo es, aquí, *kosmos*, que también puede significar un sistema social en contraste con otra palabra griega para el mundo físico, *ge*, la palabra que se emplea en el versículo 7 para significar la tierra. Este sistema social fue gobernado por el majestuoso ángel de luz: Lucifer.

El reinado de Lucifer está registrado en Isaías 14:12-15 y en Ezequiel 28:11-19. El primero le considera la cabeza de la civilización preadámica, ya que tenía un «trono» y había «debilitado a las naciones». Ezequiel por su parte le iguala al rey de Tiro de su época, cuando dice:

1. Lucifer estaba lleno de sabiduría.
2. Era perfecto en belleza.
3. Había estado en el Edén.
4. Estaba rodeado de piedras preciosas.
5. Era un artista y amante de la música.
6. Era un querubín ungido, que es como decir un ángel real colocado en un puesto muy destacado.
7. Un querubín protector, que puede significar mayordomía sobre una posesión.
8. Tenía santuarios.
9. Estuvo en el jardín del Edén (su caída fue *anterior* a la tentación de Adán y Eva, ya que estuvo allí después de haber caído, en forma de serpiente.)

Jesús vio este magnífico ángel de luz caído en pecado «como un relámpago cayendo de los cielos» (Lucas 10:18). El apocalíptico Juan dice que Lucifer cayó con la tercera parte de los ángeles.*

Estos espíritus ahora están encerrados en el infierno (en griego, *Tartarus*), en el mundo inferior

---

* Probablemente los que estaban bajo su autoridad, no los del Universo entero, que son millones de millones (Apocalipsis 5:11 y Daniel 7:10).

(2.ª Pedro 2:4-5). La tierra volvió a recobrar su forma después de sendos cataclismos porque los continentes y las masas de la tierra fueron levantados.

Examinemos ahora las evidencias de estos cataclismos.

LAS ROCAS LO PROCLAMAN

La corteza de la tierra ha registrado tremendos trastornos cataclísmicos en su historia reciente. El radio de la tierra es de unas 3.959 millas, de las que 2.160 constituyen el núcleo; su manto tiene 870 millas de espesor y su Mohorovicic o «piel» tan sólo un promedio de 30 millas de espesor.

El científico J. Tuzo Wilson sugiere que el «Moho» fue la superficie original de la Tierra, mientras que Whitcomb y Morris dicen que el núcleo y la cubierta pudieran ser las bases o fundamentos de que se habla en Job 38:4-7. Las palabras dirigidas por Dios a Job («¿Dónde estabas tú cuando se pusieron los fundamentos de la tierra?») parecen indicar que Dios era el único testigo ocular. Más tarde vinieron ángeles cantores cuando Dios ordenaba la hermosa y acertada disposición de los elementos.

El espesor de la corteza terrestre oscila entre las 16 a las 44 millas; es más espesa por debajo de la tierra de los continentes y más fina bajo los *océanos*, especialmente en el Indico y en el Atlántico donde tiene en ciertos lugares 16 y 22 millas.

La corteza terrestre fue formada por la acción volcánica, surgimiento o hundimiento de las montañas y la sedimentación (geosinclinales, llanuras aluviales, deposición y litificación). La sedimentación y la erosión son los principales agentes diluviales junto con los vastos cataclismos producidos por las montañas y la acción volcánica.[1]

COMPOSICION DE LA TIERRA

Este gráfico muestra los diversos elementos que componen nuestro planeta. La costra terrestre es más delgada debajo de los mares.

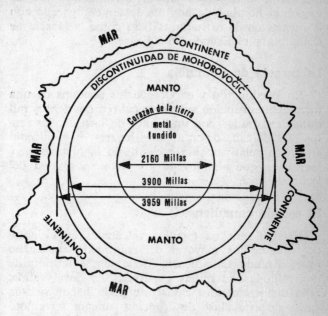

COSTRA

Varía entre 30 a 80 mil metros de grosor. Es más gruesa debajo de los continentes y más delgada debajo de los océanos, especialmente en las regiones de Indonesia, en el Pacífico y en las Bermudas, en el Atlántico, que tiene solamente de 30 a 40 mil.

¡Las puertas del Sheol-Hades parecen estar en las partes más delgadas bajo los mares!

DISCONTINUIDAD DE MOHOROVICIC

Llamada del nombre de su descubridor, que lo descubrió en 1909, tiene una anchura aproximada de 54 kilómetros. Esta fue la tierra original. La costra fue formada por seísmos volcánicos, según Henry M. Morris en el libro «The Genesis Flood («El Diluvio del Génesis»), p. 219, de próxima publicación en español.

Erupciones volcánicas importantes

Existen tal vez quinientos volcanes activos en el mundo de hoy, y posiblemente se han extinguido una cantidad tres veces mayor, pero nada jamás visto por el hombre de hoy puede ser comparado con la formación de estructuras tales como la Meseta de Columbia y el Escudo Canadiense.

La meseta de Columbia

En Washington y en Oregón los residuos de una formidable erupción volcánica cubren doscientas mil millas cuadradas con un manto de lava de doscientos pies de espesor en algunos lugares. Esto sucedió en época relativamente reciente de la historia geológica, ya que algunos de los picos sobresalen del lecho de lava.

El escudo canadiense

Existen muchos escudos volcánicos en el mundo; uno de los mayores del continente americano es el Escudo Canadiense. Tiene una extensión de dos millones de millas cuadradas de lava vertida. Sólo una tremendra catástrofe pudo haber sido la causa de esta clase de erupción; ningún terremoto registrado por los hombres es comparable a semejante espectáculo.[2]

Movimientos de la corteza terrestre

Rocas de gran espesor están elevadas a miles de pies, los estratos quedan totalmente alterados y dislocados, y a veces han sido arrojados lateralmente o vueltos sobre sí por completo a escala gigantesca. Tales son los casos de las Montañas Rocosas y del sistema de los Montes Apalaches.

Sistema apalache

Se cree que es el remanente levantado y erosionado de un enorme geosinclinal en el cual quedó depositada una capa de algo así como cuarenta mil pies de rocas sedimentarias. La corteza terrestre parece haber sido distorsionada, fracturada, elevada y deprimida, y finalmente contorsionada en casi cualquier forma concebible en alguna ocasión u ocasiones del pasado.

Montañas marinas

Son muchas las encontradas en los últimos años. No son nada más que islas sumergidas en medio del océano.

Cañones submarinos

Se trata de cañones que fueron cortados *antes* de que el lecho de los océanos fuese deprimido durante el período diluvial. En el río Hudson, en Nueva York, se formaron unos cañones submarinos profundos que alcanzan los quince mil pies y otro idéntico en el río Congo (Africa Occidental). El relato bíblico de las condiciones del diluvio es la única respuesta para su origen.

Whitcomb y Morris dicen:

> Conforme surgieron los terrenos y la base del océano quedó deprimida al final del período del Diluvio, las grandes corrientes cayendo hacia las profundidades del océano erosionarían grandes gargantas en el todavía suave y no consolidado sedimento expuesto por las cuencas hundidas. Después, y a medida que tales gargantas quedaron sumergi-

das por el continuo flujo de agua procedente de los bloques continentales, pudo muy bien haber ocurrido que las corrientes que entraron en los cañones profundizaran y extendieran éstos aún más, y este proceso ha continuado a pequeña escala desde entonces.[3]

Glaciares

Los dos glaciares presentes en nuestros días se encuentran en Groenlandia y en la Antártida, pero no hay punto de comparación con las grandes capas de hielo del pasado, algo así como cuatro millones de millas cuadradas de Norteamérica y dos millones de millas cuadradas de Europa que quedaron sumergidas en un glaciar.

Desnivel aluvial

Está formado o producido por la acción de los ríos. La región central de los Estados Unidos conocida por las Grandes Llanuras, consiste en una gran llanura aluvial. Esa masa de depósitos fue llevada a cabo por los ríos que vertieron enormes cantidades de agua procedente de la reciente cordillera elevada de las Montañas Rocosas, hacia el oeste. La superficie producida por esta aluviación es tan plana como cualquier superficie terrestre en la naturaleza. Muchísimos miles de millas cuadradas en el llano estado de Texas y de Nuevo Méjico, una zona de veinte mil millas cuadradas, están casi tocadas por la erosión. Son depósitos ampliamente extendidos, bien de naturaleza aluvial o deltaica de una magnitud mucho más allá de lo que cualquier depósito que se esté formando ahora. Sólo las aguas de un diluvio de magnitud universal pueden ser tenidas en cuenta para los antiguos depósitos tal y como son encontrados.

Elevaciones

Estas elevaciones han dejado perplejos a los estudiosos de la corteza terrestre durante mucho tiempo.

Fenneman describe así el levantamiento de la planicie de Colorado:

> La primera característica distinguible es la aproximada horizontalidad de sus rocas... La segunda característica es la gran elevación de la provincia. Aparte de los fondos del cañón, ninguna porción considerable se encuentra por debajo de los 5.000 pies... Entre esta cifra y los 11.000 pies existen planicies de todas las altitudes, algunas de las cuales son más altas que las cordilleras de las montañas próximas.[4]

Esta región ocupa aproximadamente unas doscientas cincuenta mil millas cuadradas incluyendo la mayor parte de los estados de Utah y de Arizona, y grandes extensiones de Colorado y Nuevo Méjico. Tal y como resaltan Whitcomb y Morris, el detalle más notable es que esta región ha sido de alguna manera elevada desde mucho más por debajo del nivel del mar (estos sedimentos en su totalidad son de origen marino) hasta más de una milla por encima del nivel del mar, sin distorsionar la horizontalidad de los estratos o niveles de las cimas. Y esto ha ocurrido no sólo una vez sino muchas más.

La planicie tibetana crea un problema similar, sólo que en una escala mucho mayor. Aquí nos encontramos con un área antiguamente marina de setecientas cincuenta mil millas cuadradas elevadas aproximadamente a tres millas por encima del nivel

Cuando el volcán submarino "Surtesy" se puso en erupción, en el año 1963, una nube de gases y de cenizas surgió del fondo del océano. Las erupciones submarinas son a menudo tan violentas que la punta de la montaña comúnmente cubierta de mar aparece sobre la superficie formando una isleta. Muchísimas más permanecen debajo y son conocidas como montañas subacuáticas. Su número indica que alguna vez la actividad volcánica de la tierra fue muy intensa.

(Foto de Sigurdur Thorarinsson.)

del mar. La cadena montañosa del Himalaya bordeando esta región ha sido impelida hacia arriba en cosa de cinco millas.

Whitcomb y Morris concluyen:

> Parece mucho más verosímil que los sedimentos fuesen depositados más o menos rápida y continuamente, seguido por una simple elevación regional de grandes dimensiones. El corte rápido y subsiguiente del cañón se produjo entonces, mientras que los sedimentos aún eran relativamente suaves y los ríos estaban conduciendo y arrastrando descargas líquidas mucho mayores.[5]

EL COMIENZO DE LA RESURRECCION FOSIL

El petróleo y el carbón han sido formados por organismos vivientes deteriorados, bien hayan sido plantas o animales, a veces bajo presiones extremas o calor. Con todo cuando se mira en las columnas geológicas de nuestros días, no existe ningún moderno paralelo que pueda darse sobre la superficie de la corteza terrestre que pueda compararse con las fuerzas que crearon esos inmensos campos de carbón y de petróleo.

Sólo un gigantesco cataclismo pudo convertir a semejante material en rocas de la tierra, para ser sometidas después al calor, la presión y deterioro.

Una escala de tiempo uniforme por miles de millones de años no puede contestar a los problemas de los fósiles «desplazados», la aparición de las criaturas primitivas en nuestro tiempo y el origen de las grandes cadenas montañosas; sólo un diluvio universal puede responder a estas cuestiones planteadas.

Las tumbas fósiles que existen en todo el mundo corroboran la tesis de un diluvio universal. Fueron necesarias ciertas premisas para que se formaran y preservaran tales fósiles.

En primer lugar, la preservación de la totalidad del organismo mediante la congelación, ya que la carne de un animal que se mantenga durante miles de años *tiene* que quedar congelada en menos de treinta minutos. Nuestros alimentos congelados tienen que ser puestos rápidamente en tal estado so pena de que se pierdan. Se han hecho cálculos que muestran la existencia de los restos de unos cinco millones de mamuts enterrados a lo largo de la costa de Siberia y Alaska. Los científicos rusos informan de haber comido realmente la carne de esos gigantescos animales antiguos. Los mamuts tuvieron que quedar enterrados repentinamente y de forma catastrófica para poder quedar preservados durante tan largo período de tiempo.

En segundo lugar, la preservación de sólo las *partes duras* del organismo. Nunca se encuentra, en nuestra presente generación, una gran tumba de organismos enterrados juntos y esperando la fosilización. Pero esto es exactamente lo que ha ocurrido en esos depósitos fósiles existentes en todo el mundo.

Tomemos, por ejemplo, los siguientes:

Condado de Lincoln, Wyoming

Aquí han quedado al descubierto peces y hojas de palma de seis a ocho pies de longitud y de tres a cuatro pies de anchura. Esto nos habla de un clima tropical completamente opuesto al que existe hoy de ventiscas en sus montañas. En el año 1890 se encontró un cocodrilo además de varios lepidópteros, de un tamaño que oscilaba entre los cuatro a los seis pies; se encontraron, además, pájaros, roedores, raspalenguas, leuciscos, lucios, sollos, arenques, moluscos, tortugas, mamíferos y muchas variedades de insectos.

Los peces, no menos que las otras criaturas, no quedaron enterrados naturalmente, ya que son normalmente devorados con presteza por otros peces antes de morir.

En su libro *Earth in Upheaval*, Y. Velikovsky dice:

> Cuando un pez muere, su cuerpo flota en la superficie o se hunde en el fondo, donde es devorado en cuestión de horas por otro pez; no obstante, los peces fósiles encontrados en las rocas sedimentarias están a menudo preservados con todos sus huesos intactos. Bancos enteros de peces de miles de millones sobre grandes zonas son encontrados muertos, pero sin ninguna marca del ataque del carroñero.[6]

M. Brogersma-Sanders dice:

> La vida de la mayor parte de los animales en el mar se termina por su captura por otros animales; los que mueren de otro modo son comidos, más pronto o más tarde, por los carroñeros.[7]

Florissant, Colorado

Aquí nos encontramos, evidentemente, con polvo volcánico que sumergió a miríadas de una amplia variedad de insectos, los cuales han sido preservados en las rocas de pizarra volcánica.

Cueva de Cumberland Bone

Esta caverna de Maryland contiene una mezcla de fósiles de zonas de diferente temperatura. De aquellos que han sido encontrados en las regiones árticas, tenemos los carcayús, el oso pardo y los mustélidos; de las regiones de las praderas, fósiles tales como los pecaris, tapires, antílopes, cerdos, conejos y coyotes. De las regiones más húmedas existen los castores y las ratas almizcleras.

Otras cavernas existentes en la misma región y unas tres millas de distancia, están desprovistas de fósiles. Esto sugiere un acontecimiento catastrófico que puso juntos a organismos procedentes de habitats completamente diferentes y de regiones climáticas distintas, en una gran masa. Esta es la característica de muchas de las tumbas fósiles.

Depósitos de ámbar báltico

Multitudes de insectos, de flores y de otros organismos están presentes y pertenecen a todas las regiones de la superficie terrestre.

Lechos de lignito de Geiseltal (Alemania)

De nuevo tenemos aquí una mezcla completa de plantas, insectos y animales procedentes de todas las zonas climáticas y de todas las regiones del mundo.

Otras áreas

La formación Karroo de Sudáfrica, ochocientos millones de esqueletos de animales vertebrados; los pozos de brea de Los Angeles, California; los lechos de hipopótamos sicilianos con fósiles tan extendidos que han sido trabajados en minas para su utilización comercial; los lechos de los mamíferos de

64

las Montañas Rocosas y los lechos de los dinosaurios en Dakota del Norte y en el desierto del Gobi.[8]

Podríamos continuar citando lugares, pero el espacio no nos permite mostrar de qué forma sólo los procesos hidráulicos pudieron formar el petróleo y el carbón, y de qué forma la petrificación con moldes y formas de materiales pudieron haber sido solamente formados por una acción diluvial.

¿Cómo se formó el Bosque Petrificado en medio del desierto de Arizona, al sudoeste de los Estados Unidos?

¿Cómo pudieron formarse esas vastas cantidades de petróleo bajo la Bahía de Phudos (Alaska), que ahora es una extensión desnuda y helada cerca del Ártico? ¿Fueron estos lechos hundidos en las aguas procedentes de otras partes del mundo? ¿No era esta zona una lujuriante jungla que fue vuelta de arriba a abajo?

Nuevamente tenemos que los fósiles que han quedado enterrados alrededor del mundo sólo han podido ser depositados por un diluvio. La sedimentación de los ríos reunidos en los remansos y las bahías es un proceso semejante al que depositó tal ingente cantidad de material orgánico, y esto sólo pudo hacerlo un diluvio universal depositando especímenes juntos procedentes de todo el mundo.

EL PASADO ES LA CLAVE DEL PRESENTE

La verdadera geología está de acuerdo con los relatos bíblicos en relación con una inundación universal. Muchos geólogos, sin embargo, han rechazado el aceptar un diluvio repentino que lo engullera todo. Catástrofes locales a escala menor, sí; pero no un diluvio a escala mundial.

Ha sido Charles Lyell (1797-1875), «Sumo Sacerdote del Uniformitarianismo», quien dio el primer aldabonazo, en 1830, sobre la teoría física de la uniformidad de causas y efectos, expresando que los procesos geológicos que ahora operan en la tierra han estado y permanecido activos durante períodos de tiempo extremadamente largos, y que tales procesos graduales pueden ser explicados en un mundo tal y como lo vemos en nuestros días, sin necesidad de echar mano a repentinas y formidables catástrofes.

Lyell fue un abogado de William «Strata» Smith (1769-1839), el «Padre de la Geología Estratigráfica» y James Hutton (1726-1797), cuya frase «clave», «El presente es la clave para el pasado», es guía del mundo científico de nuestro tiempo.

Lyell dice:

> Se rechazan todas las teorías que implican la presunción de catástrofes repentinas y violentas y las revoluciones de la totalidad de la tierra y sus habitantes...[9]

Charles Darwin fue discípulo de Lyell, de quien dice:

> El que pueda leer el gran trabajo de Sir Charles Lyell sobre los principios de geología a quien los futuros historiadores reconocerán como el autor de una revolución en las ciencias naturales, y con todo, no admita cuán vastos han sido los pasados períodos de tiempo, puede cerrar inmediatamente este volumen.[10]

Francis C. Haber saca esta conclusión:

> Existen muy pocas dudas de que fue mediante los principios de geología de Lyell que la mente de Darwin quedó

emancipada de las ataduras de la cronología bíblica, y de no haber sido dado este paso, parece inverosímil que *El origen de las especies* pudiese jamás haber surgido del viaje del *Beagle*, ya que la teoría de la evolución de Darwin requería para su fundamento muchísimo más tiempo histórico que el que los geólogos uniformitarios estaban acostumbrados a concebir.[11]

¿POR QUE NIEGAN ALGUNOS EL DILUVIO?

¿Por qué los geólogos y evolucionistas quieren negar un diluvio bíblico universal repentino cuando las rocas y los fósiles lo proclaman?

Escuchemos una profecía bíblica escrita por Pedro dos mil años después de su tiempo:

«Sabiendo primero esto, que en los postreros días vendrán burladores andando según sus propias concupiscencias, y diciendo: ¿Dónde está la promesa de su advenimiento? Porque desde el día en que los padres durmieron, todas las cosas permanecen así como desde el principio de la creación [uniformidad divina]. Estos ignoran voluntariamente que en el tiempo antiguo fueron hechos por la palabra de Dios los cielos y también la tierra, que proviene del agua y por el agua subsiste, por lo cual el mundo de entonces pereció anegado en agua...»

(2.ª Pedro 3:3-6)

Por una parte, admitir cualquier catástrofe de tipo cataclísmico a escala mundial es admitir un juicio divino. Una vez admitido esto, se hace responsable a un ser divino y a sus leyes morales. El orgullo del hombre rehúsa la intervención divina en cualquier tiempo de la historia de la tierra, ya que el hombre desea ser el único responsable de sí mismo.

LA BOLA DE CRISTAL

Todas las sociedades metafísicas creen en un diluvio universal. Cayce explica tres períodos destructivos; los rosacruces creen que todos los continentes se deslizaron bajo la superficie del mar. La mayor parte de ellos trazan sus orígenes bien sea por reencarnación o por algún tipo de mente cósmica, anterior a estas antiguas civilizaciones.

La Atlántida del fondo del Atlántico y la Lemuria del Océano Pacífico, son sus lugares principales de origen. Dicen que estas civilizaciones vinieron del espacio exterior, algunas mediante los OVNIS y son los dioses de tipo mitológico de los griegos. Sus formas y características varían del hombre actual, pero su idea más extraordinaria es «que muchas de ellas están todavía en el mundo de nuestros días». El resto de ellas siguen viviendo en un refugio subterráneo o submarino.

Los relatos de Cayce dicen que la razón para la destrucción fue la lujuria, «el entrecruzado matrimonial de las formas divinas con las físicas». La «buena» no cayó («Hijos de la Ley»), pero la «mala» cayó («Hijos de Belial»), y trajeron la destrucción antediluviana sobre ellos mismos. Ambas clases de «entidades» se encuentran en el mundo de hoy, y algunas están viviendo bajo el mar, en el que su antiguo hogar quedó sumergido.[12]

Sanderson, un abogado del último continente perdido, la Atlántida, dijo que existen civilizaciones bajo los océanos del mundo. La vida, no solamente comenzó en el agua, sino que en algunos casos ha permanecido en ella. Y de tiempo en tiempo, esos seres de inteligencia superior, abandonan sus refugios del mundo submarino para examinar muestras de los hombres de la tierra y de los barcos actuales.[13] ¿Existe alguna conexión entre estas declaraciones y los misterios que rodean al Triángulo de las Bermudas?

Cayce, en una de sus «conferencias» el 28 de junio de 1940, predijo que las porciones del continente perdido de la Atlántida, volverían a resurgir nuevamente en 1968 o 1969. Los seguidores de Cayce, están prontos a hacer resaltar que el doctor Manson Valentine, antiguo profesor de zoología en la universidad de Yale, informó entre 1968-1970 que había realizado descubrimientos en el Triángulo de las Bermudas de templos de tipo maya en las aguas de las Bahamas en la costa de Florida, un lugar donde existen muros inclinados con escalones.

El doctor Valentine, cree que las estructuras en forma piramidal, podrían ser parte de un continente sumergido. También fue encontrado al lado un edificio parecido a un templo, cerca de la isla de Andros, un pentágono de cien pies, así como un camino, ruedas de piedra y una variada estatuaria.[14]

Berlitz dice que han sido vistos numerosos caminos claramente distinguibles desde el aire y a lo largo de la costa de Yucatán (México), lugar de una antiquísima civilización. Esos caminos abandonan la orilla en líneas rectas yendo hacia lugares desconocidos bajo las aguas, mucho más allá de las aguas profundas del mar. También el *Aluminaut*, submarino de buceo profundo, en una misión llevada a cabo en 1967 a lo largo de Florida, Georgia y Carolina del Sur, observó un enorme camino submarino que previamente había estado por encima del agua.

Berlitz continúa diciendo:

El camino fue aparentemente formado o pavimentado con óxido de manganeso, y cuando se instalaron ruedas especiales en el *Aluminaut*, se estuvo en condiciones de discurrir a lo largo de ese camino, el cual, en algunos lugares, alcanzaba una profundidad de tres mil pies. Como si el *Aluminaut* fuese un automóvil, corrimos a lo largo de una carretera normal, con la salvedad de que tal carretera se hallaba en el fondo del mar. El tamaño de la superficie pavimentada era demasiado grande como para pensar que tal carretera había sido hecha por el hombre. Este fue también el caso de una muy extensa sección «enlosada» del fondo del océano observada por el doctor Bruce Heezen, del Observatorio Lamont, cuando llevó a cabo una profunda inmersión en la zona de las Bahamas.[15]

Un artículo aparecido el 24 de marzo de 1975 en *The Daily Breeze* (periódico local de Torrance, California) confirma que existió una civilización a lo largo de las Bahamas hace más de seis mil años.

Miami (UPI). — Un grupo de exploradores submarinos dice que existe una formación rocosa sumergida a la altura de Bimini, en las Bahamas, y que es «la clave que revaloriza el mito de la Atlántida». La Sociedad Internacional de Exploradores dice que está preparada

¿Una nave prehistórica? Este artefacto de mil ochocientos años de antigüedad procede de una tumba de
Sudamérica y está considerado por algunas personas
como un modelo de aeroplano antiguo. Existe una co-
pia de muestra permanentemente exhibida en el Museo Mundial del Hombre, en Montreal.
(Fotografía: Jack Ullrich.)

para demostrar que el «Camino de Bimini» tiene más de seis mil años de existencia».

Por lo que a nosotros concierne, la Atlántida es un mito, pero nuestra tarea
dentro de la Sociedad Internacional de
Exploradores, es la de explorar las va-

riadas relaciones que existen sobre el tema —dice Jim Woodman, director del grupo.

El libro de *Dzyan*, que se supone estuvo originado más allá del Himalaya (sus enseñanzas han alcanzado el mundo oriental [Japón, India y China]), declara:

Grandes zonas de tierra sumergida en el océano a la altura de lo que hoy es Cuba y Florida lo fueron en el año 9564 antes de Cristo.[16]

Otros lugares de posibles civilizaciones antiguas incluyen los Mount Builders de América, la planicie del Enladrillado en Chile, la isla de Santa Rosa en California, las montañas de Ennedi en el sur del Sáhara y los residuos de Yucatán (México).

Otro continente perdido que ha tenido muchísima publicidad por parte de los ocultistas, es el llamado Lemuria, y se dice que se deslizó por debajo de las aguas del Océano Pacífico.

W. S. Cerve, en el libro *Lemuria, el continente perdido del Pacífico*, ha afirmado que una civilización vivió sobre este continente hasta su destrucción. Los lemurianos vivieron en una cultura avanzada con grandes edificios, templos, conociendo el transporte mediante barcos. Se supone que tenían grandes cabezas con un tercer ojo en medio de la frente como si fuese una inflamación tumorosa. Los lemurianos utilizaron su «capacidad cósmica» para comunicarse síquicamente (una forma de telepatía mental). Según dice Cerve, esta civilización fue el principio de los «seres» que todavía existen hoy. De hecho, la mayor parte de las personas de California proceden de esta cultura prehistórica.[17]

Si bien la evidencia geológica apoya la idea de un continente bajo el Atlántico, existen pocos datos comparables para suponer la existencia de un antiguo continente bajo el Pacífico.

En el diálogo de Platón se hace referencia a un rey marítimo llamado Poseidón. El hogar de éste fue la Atlántida, y poseía toda la belleza del Edén. Platón no inventó el nombre de Poseidón; el culto a Poseidón fue universal en las primeras épocas de Europa. Ernest Curtius, citado por John Denison Baldwin dice:

> El culto a Poseidón parece haber tenido una peculiaridad en todas las colonias anteriores a la época de Sidón.[18]

Curtius dice que el culto fue llevado a España y al Norte de Africa, pero que fue más abundante y estuvo más extendido en Italia y en muchas de las islas y regiones circundantes del Mar Egeo.

Poseidón es representado en la mitología griega como el *dios del mar*; una figura de pie arrastrada en un carro por caballos.

Donnelly dice:

> Poseidón era el dios del mar porque gobernaba sobre una gran nación en el mar y fue el dios nacional de un pueblo marítimo. Está asociado con los caballos, porque en la Atlántida es donde el caballo fue primeramente domesticado. Las carreras y las carrozas fueron inventadas por ellos...[19]

Refiriéndose a los diálogos de Platón, Donnelly dice que los caballos constituían el sacrificio favorito de Poseidón; eran sacrificados y arrojados al mar desde altos precipicios. Las fiestas religiosas con los caballos de los paganos escandinavos fueron una supervivencia de este culto a Poseidón, y estos ritos siguieron vigentes por toda la costa europea hasta que fueron suprimidos por la cristiandad.

No solamente era representado Poseidón como dios del mar sobre un carro tirado por caballos de guerra, sino que también llevaba sobre su cabeza una corona y empuñaba un tridente. El cetro de tres puntas de Poseidón aparece constantemente en la historia antigua. Lo encontramos en las manos de los dioses hindúes y en la base de las creencias religiosas de la antigüedad.

De acuerdo con Arthur Schott,

> entre los numerales, el tres siempre ha sido considerado sagrado, como la marca de la perfección y fue, en consecuencia, adscrito exclusivamente a la suprema deidad o a su representante terrenal (rey, emperador o soberano). Por esta razón se encuentran emblemas triples de varias formas en cinturones, collares o en cualquier otro adorno circular, como puede verse en los trabajos del arte antiguo en el Yucatán, Guatemala, Chiapas, México, etc. Dondequiera que el objeto tiene referencia a la supremacía divina, se nos recuerda la tiara con el triple círculo de la soberanía.[21]

El Padre, el Hijo y el Espíritu Santo comprenden la Trinidad de la Biblia («Porque tres son los que dan testimonio en los cielos» [1.ª Juan 5:7]). La triple corona de Poseidón podría representar la supremacía de la divinidad. Fue la pretensión de Lucifer a esta posición lo que trajo el diluvio a su reino (Isaías 14:13-15).

¿Podrían Poseidón y el Lucifer bíblico ser la misma persona? ¿Podría ser lo mismo el continente perdido de la Atlántida donde gobernaba Poseidón y las naciones y ciudades del reino de Lucifer?

De ser así, ello explicaría la importancia que la televisión y las películas («La aventura del Poseidón» y «Los carros de los dioses») están dando al Triángulo de las Bermudas.

Precisamente antes de la terrible batalla del Armagedón (Apocalipsis 16:16), la tierra estará controlada por una «bestia» salida del mar y a quien los comentadores de la Biblia llaman el Anticristo (Apocalipsis 13:1). Esta es una bestia diferente de la que surge de la tierra (Apocalipsis 13:11) y que es llamada el «falso profeta», que algunos dicen que representa la cabeza de la falsa religión del gobierno mundial que ha de venir.

El símbolo del tridente reaparece en los capítulos finales del Apocalipsis en forma de una triada maligna: el dragón, la bestia y el falso profeta (Apocalipsis 16:13). Esta trinidad impía es el motivo de la gran batalla final del Armagedón en la cual toman parte doscientos millones de caballos.

Es el último intento de Lucifer, su última reclamación de la antigua civilización a la que gobernó.

En los sucesivos capítulos iremos descubriendo lo que está bajo el mar notando la correlación de la Biblia con la Atlántida, Poseidón, los caballos y los fenómenos naturales y el misterio del Triángulo.

NOTAS DEL CAPITULO II

1. Whitcomb, John C. Jr. & Morris, Henry M. *The Genesis Flood* (Baker Book House, Grand Rapids, Mich. 1961), pp. 219-221.
2. Ibid., pp. 137-139.
3. Ibid., p. 126.

4. Fenneman, N. M., *Physiography of Western United States* (New York, N. Y. McGraw Hill, 1931), página 11.

5. Whitcomb & Morris, op. cit., p. 153.

6. Velikovsky I. *Earth in Upheaval* (Doubleday & Company, N. Y., 1955), p. 22.

7. Brogersma M. & Sanders, "Treatise on Marine Ecology and Paleoecology", Vol. I. Geological Society of America Memoir, 67, 1957, p. 172.

8. Ibid., pp. 154-165.

9. Lyell Charles, *Principles of Geology* (11th ed. rev. N. Y., D. Appleton & Co., 1892), Vol. I, pp. 317-318.

10. Darwin, Charles, *The Origin of Species by Means of Natural Selection*, vol. XLIX de los grandes libros del mundo occidental, ed. Robert M. Hutchins (Chicago: Encyclopedia Britannica Inc., 1952), p. 153.

11. Haber, Francis H., *The Age of the World*: Moses to Darwin (The Johns Hopkins Press, Baltimore, Maryland, 1959), p. 153.

12. Robinson, Lytle W. *Edgar Cayce's History of the Origin and Destiny of Man*, Coward, McCann & Geoghegan Inc. N. Y., 1972), pp. 40-51.

13. Jeffrey, Adi-Kent Thomas, *The Bermuda Triangle* (Warner Paperback Library, P. O. Box 690, N. Y., N. Y., 10019, 1975), p. 187.

14. Robinson, op. cit., pp. 9-11.

15. Berlitz, Charles, *The Bermuda Triangle* (Avon Books 959 Eighth Avenue, N. Y., N. Y., 1974), p. 171.

16. Von Daniken, Erich, *Gods Fron Outer Space* (Bantam Books, G. P. Putnam's Sons, 200 Madison Avenue, N. Y., N. Y., 10016, 1971), p. 141.

17. Cerve, W. S. *Lemuria* (Kings Port Press., Inc., Kings-port, Tenn., 8.ª ed. 1960), caps. V-XI.

18. Baldwin, John Denison, *Prehistoric Nations* (London & N. Y., 1869), pp. 148-155.

19. Donnely, Ignatius, *The Antediluvian World* (Harper & Brothers, Gramercy Pub. Co., rev. ed. 1949 por Edgerton Skyes), p. 22.

20. Schott, Arthur, "Smitsonian Reports", 1869, página 391.

Capítulo 3

El Mar de los Sargazos

Entonces oró Jonás al Señor su Dios desde el vientre del pez, y dijo: Invoqué en mi angustia al Señor y él me oyó, desde el seno del Seol clamé y mi voz oíste. Me echaste a lo profundo en medio de los mares y me rodeó la corriente, las aguas me rodearon hasta el alma, el alga se enredó en mi cabeza, tú sacaste mi vida de la sepultura, tú, Señor, Dios mío.

(Jonás 2:1-6)

Varios signos apuntan a la localización geográfica de un antiguo continente en el Triángulo de las Bermudas: el Mar de los Sargazos, las anguilas emigrantes, las montañas submarinas y los caballos.

77

¿No podría ser todo ello el dedo de Dios apuntando a un lugar preciso de inmensa importancia? ¿Qué hay debajo del mar?

LA INTERPRETACION DE LAS SEÑALES

Existen perturbaciones físicas y naturales en las Escrituras que tienen correlación con la verdad espiritual. El simbolismo bíblico saca a la luz la verdad que está intentando representar. El Dios que dispuso las leyes del Universo, hizo también las leyes morales de la Biblia. Y a menos que no estén manipuladas por el hombre, siempre están de acuerdo y nunca se contradicen.

Ejemplos de esto se encuentran en la historia de Job.

En el capítulo primero se nos presenta a un hombre justo llamado Job que tuvo siete hijos, tres hijas, 7.000 ovejas, 3.000 camellos, 500 yuntas de bueyes, 500 burras y muchos sirvientes.

La Biblia dice que llegó un día en que los hijos de Dios vinieron ante el Señor y Satán fue con ellos. En la discusión que siguió entre el Señor y Satán, el Señor dijo: «¿Has considerado a mi siervo Job? Pues no hay ninguno como él en la tierra, siendo un hombre sin reproche y justo en sus acciones...». Satán acusó entonces al Señor de poner una valla de protección para Job y para todas sus posesiones. «Retira tu mano ahora y toca todo lo que tiene; y él seguramente te maldecirá en tu rostro», dijo Satán.

El Señor contestó: «He aquí que todo lo que él tiene está en tu poder, pero solamente no pongas tus manos sobre él» (Job 1:12).

Observemos ahora cómo actúa un ser sobrenatural

El diablo no se sitúa en el escenario frontal diciendo: «Aquí estoy yo haciendo las cosas por mí mismo. Observad cómo actúo». El obra siempre por medio de las leyes naturales o mediante individuos.

1.º Los sabeos atacaron y se llevaron los animales (v. 15).

2.º El fuego quemó a las ovejas y a los sirvientes (v. 19).

3.º Los caldeos robaron los camellos y mataron a los sirvientes (v. 17).

4.º Un gran viento derribó la casa del hijo mayor de Job (v. 19).

5.º El cuerpo de Job se cubre de pústulas y llagas (vv. 2-7).

En tanto que algunos atribuyen estos incidentes a meros fenómenos naturales, resulta evidente que todos estos desastres «físicos» y «naturales» fueron hechos por un ser sobrenatural: Satán.

Durante la II Guerra Mundial, cuando los británicos fueron rodeados en la pequeña ciudad de pescadores de Dunkerque, sucedió algo extraño. Allí estaban los regimientos ingleses deshechos, la flor y nata de las fuerzas armadas inglesas, que se habían retirado ante el avance aplastante de los «Panzers» alemanes. Si los alemanes hubieran podido capturar a aquellos miles de combatientes, posiblemente habrían asestado el golpe final a los ingleses.

La «Luftwaffe» era dueña del aire y evitaba la huida por mar. Las tropas parecían condenadas definitivamente. Aquel día Sir Winston Churchill llamó a Inglaterra a la oración para la supervivencia de de sus valientes hombres.

Todos los pequeños navíos disponibles, desde pequeñas barcas hasta los barcos de pesca, yates y todo género de embarcaciones particulares y de recreo, navegaron por el canal en la operación denominada *Dynamo*.

Entonces sucedió un fenómeno «natural». Una mezcla de «humo y nubes»[1] se cernió sobre las aguas cerrando los cielos e impidiendo la actuación de la aviación alemana. Bajo la protección de aquel «paraguas», el rescate se llevó a cabo sin interrupción. La II Guerra Mundial pudo haber terminado de modo diferente de no haber sido por aquel conglomerado de «humo y nubes» que lo envolvió todo aquel día.

¿Un accidente? Hay que preguntarlo al Alto Mando inglés. Aquel día no había ateos.[2]

Howard Flesher, propietario de una compañía de excavaciones en la playa Redondo de California, recuerda un incidente que sucedió varios años antes de la época de los aviones a reacción.

Se hallaba trabajando cerca del Aeropuerto Internacional de Los Angeles en una excavación sobre una avenida, detrás de una iglesia. El desconocía que existía una gran conducción de gas de alta presión para la aviación y muy volátil que se hallaba bajo el terreno en aquel área. Cuando puso sus excavadoras para explanar el suelo rompió la línea de conducción e inmediatamente la zona quedó envuelta en gas que se disparó a cincuenta pies de altura. A causa de la tremenda presión se convirtió en una niebla altamente volátil y hubiera bastado una chispa para que la ciudad en bloque hubiese volado por los aires. Rapidamente envió a uno de sus hombres en busca de ayuda mientras que volvía a rellenar la excavación.

«Aquella terrible niebla comenzó a entrar en la iglesia, por debajo de las puertas y a través de las ventanas. Yo sabía que si alcanzaba cualquier dispositivo que tuviese alguna llama encendida, toda la iglesia explotaría como una bomba», explica Flesher.

Entonces ocurrió una cosa extraña.

«Fue como si se pusiera en acción una mano invisible; la niebla comenzó a volver misteriosamente hacia atrás saliendo de la iglesia por las ventanas en dirección opuesta. Aquello fue lo más extraordinario que yo haya visto jamás», dijo.

El cambio del flujo del aire, un *viento*: ¿Fue esto un accidente de la Naturaleza? Pregunten a Howard Flesher; él sabe que se trataba de una mano invisible.

Examinemos ahora los signos que apuntan hacia la localización geográfica de un antiguo continente en el Triángulo de las Bermudas.

EL MAR DE LOS SARGAZOS

¿Podría ser el Mar de los Sargazos un *signo* de algo que sucedió en el pasado?

Los marineros cuentan una y otra vez las extraordinarias leyendas del «Mar del temor», el «Mar de los barcos perdidos» y la «Tumba de las naves perdidas». Las leyendas dicen que estas tumbas contienen barcos procedentes de todas las naciones que fueron capturados o inmovilizados en aquellos campos de sargazos donde infinitos gusanos devoran la madera de los cascos y todo el maderamen de las naves dejándolas convertidas en esqueletos.

La muerte, dicen, llega poniendo una trampa a toda clase de vapores, yates, barcos balleneros, grandes barcos de vela, bergantines, barcos piratas y, para hacer sus historias más excitantes, los galeones famosos de los españoles cargados de tesoros.

La palabra *sargazo* procede de la palabra portuguesa que designa a diversas especies de algas ma-

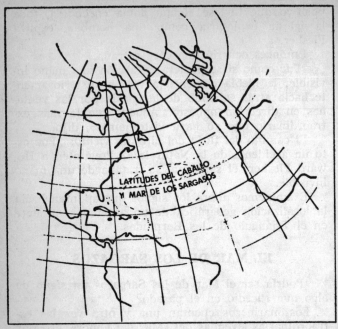

LATITUDES DEL CABALLO
Y MAR DE LOS SARGASOS

Las Latitudes del Caballo fueron llamadas así por los antiguos marineros que tenían que arrojar al mar sus caballos de guerra por falta de agua dulce, cuando sus naves quedaban estancadas en la calma chicha de aquellas latitudes, las cuales, como muestra el mapa, corresponden aproximadamente a los límites del Mar de los Sargazos. El mapa está tomado de *El misterio resuelto del Triángulo de las Bermudas*, de David Kusche, Copyright © 1975 por Lawrence David Kusche, y utilizado con autorización de los editores Harper & Row.

rinas. El sargazo (término genérico para el sargazo) flota o bien separadamente o en grandes masas. Marca la frontera de este mar con el Océano Atlántico Occidental.

Esta zona ha sido llamada un embudo, un vórtice, un torbellino y un agujero, con un límite marcado por esas algas marinas flotantes, como si esto fuera un lugar de rechazo marcado por la calma pestilente de los sargazos.

En el libro de Berlitz, *El Triángulo de las Bermudas*, se encuentra una descripción del Mar de los Sargazos.

«Este mar de algas flotantes está limitado por el norte con la corriente del Golfo que se mueve primero al nordeste y después al este, y en el oeste y en el sur por las corrientes de retorno de las corrientes del Golfo y la ecuatorial del Norte», explica.

«Aunque amorfo en cierta forma, se extiende esta porción del mar desde aproximadamente 37° latitud Norte hasta 27° latitud Sur y desde 75° Oeste a 40° longitud Este. Bajo las profundas aguas del Mar de los Sargazos se encuentran las llanuras de Hatteras y de Nares Abisal, numerosas y misteriosas montañas marinas (montañas submarinas que surgen hacia la superficie, terminando en cúspides planas como si alguna vez hubieran sido islas) y en su límite oriental, como parte de la cordillera del Atlántico Norte, una tremenda cadena montañosa submarina norte-sur en medio del Océano Atlántico, cuyas crestas más altas irrumpen a través de la superficie del mar para formar las Islas Azores. En otras palabras, un mar estacionario casi desprovisto de corrientes, excepto en sus bordes, que se extiende desde casi doscientas millas al norte de las Grandes Antillas hasta Florida y las costas atlánticas, a una distancia general de aproximadamente doscientas millas de tierra hasta la vecindad de Cabo Hatteras, y después, en el Atlántico, en dirección a la Península Ibérica y Africa hasta la cordillera sumergida desde el Atlántico Norte y vuelta después nuevamente hacia las Américas.»[3]

La vegetación marina del Mar de los Sargazos es arrastrada en sentido norte-nordeste desde la costa de Florida en la corriente del Golfo, después al sur por el retorno de la corriente del Golfo y las corrientes ecuatoriales del norte. Todo esto forma un gigantesco vórtice de vegetación marina flotante cuya masa cubre una zona de un millón y medio de millas cuadradas. Los ocultistas creen que esto es el residuo de la vegetación que flotó sobre la superficie del océano, cuando su sumergió el continente perdido de la Atlántida.

EL SINUOSO CAMINO DE LAS ANGUILAS

Cada año las anguilas de Norteamérica y de Europa emigran a las profundidades del Triángulo de las Bermudas. Algunos sugieren que las anguilas, en un tiempo, fueron igual que los salmones, que marchan al mar para volver de nuevo a desovar. Estas parecen buscar el curso de los ríos tributarios del continente perdido de la Atlántida, hasta que finalmente quedó sumergido bajo el mar. Ahora las anguilas aún vuelven a desovar en el mismo lugar, pero en las profundidades del mar donde una vez existió la Atlántida.

He aquí una interesante porción de la Escritura sobre este contexto:

> «Aunque cavasen hasta el Seol, de allá los tomará mi mano; y aunque subieren hasta el cielo, de allá los haré descender. Si se escondieren en la cumbre del Carmelo, allí los buscaré y los tomaré, y aunque se escondieren de delante de mis ojos en lo profundo del mar, allí mandaré a la serpiente y los morderá...».
>
> (Amós 9:2-3)

Aquí observamos un pasaje de la Escritura que conecta con el mundo submarino más hondo que el fondo del mar y la serpiente. Fue una serpiente en el jardín del Edén la que engañó a Eva. Esta misma criatura aparece en el libro de Apocalipsis 20:2 como una descripción de Satán.

Es interesante notar la conexión existente entre la charca en calma y las sinuosas anguilas en forma de serpiente que emigran allá y la Escritura que eslabona las serpientes del mar con el Seol, a estancia submarina de los espíritus que han partido de la tierra.

RIOS SUBMARINOS

Enormes cañones geográficos continúan bajo el océano en la desembocadura de los ríos Hudson, Delaware, San Lorenzo y Congo. Parece que hizo falta algo más que las aguas marinas y las turbias corrientes para formar tan vastas y enormes gargantas bajo el mar. Se sugiere que fueron formadas encima del agua y que cuando los continentes se desplazaron tambén su sumergieron bajo el mar.

¿Podría ser que estos ríos y esos cañones sean otros signos que apuntan hacia el Triángulo de las Bermudas?

LOS CABALLOS

El último de estos signos es el de los caballos. De acuerdo con Cayce y Donnelly, el caballo fue primeramente domesticado y utilizado para correr en la Atlántida. El carro de Poseidón iba tirado por dos caballos.

Los caballos también fueron sacrificados en ceremonias religiosas de la antigüedad. (Las ovejas, los bueyes y las cabras fueron utilizados en el sistema sacrificial judío, nunca los caballos.) Al principio los hebreos tenían prohibido guardar los caballos que capturaban, y de acuerdo con ello lisiaron a la mayor parte de los que Josué capturó en la batalla por la conquista de Canaán.[5]

Geográficamente la parte norte de la «Latitud del Caballo» corre directamente a través del Mar de los Sargazos sobre el lugar migratorio de las anguilas. Estas latitudes discurren en los hemisferios norte y sur a 30° de latitud desde el Ecuador. Los marineros a bordo de barcos en calma han tenido que destruir sus caballos de guerra para ahorrar agua dulce para beber.

A este propósito nos cuenta Berlitz:

> Los barcos modernos de motor ya no corren el riesgo de quedar sometidos a una calma chicha, un hecho que hace que las numerosas desapariciones de los barcos sean aún más misteriosas. Por supuesto, *todos* los barcos perdidos, son de por sí, un misterio puesto que son relativamente pocos los capitanes que pierden sus naves. Cuando, empero, se examina el motivo de la pérdida de un barco y queda establecido o incluso supuesto, cesa el misterio. Pero éste no ha sido el caso de los muchísimos barcos que han desaparecido en el Mar de los Sargazos.[6]

En la Biblia Dios usó castigos especiales contra la idolatría. Tomemos, por ejemplo, las diez plagas de Egipto. Cada una de las plagas cayó sobre cada una de las diez deidades egipcias.

La plaga que convirtió en sangre el agua del río Nilo (Exodo 7:19-25) fue muy humillante, pues no en vano dicha agua era tan preciada hasta el extremo de ser adorada como símbolo de la fertilidad dado por Osiris y usada como medio de purificación de los pecados, igual como hacen todavía hoy en la India con el río Ganges.

La plaga de las ranas (Exodo 8:1-4) resultó muy grave para los egipcios ya que la rana estaba incluida entre los animales sagrados. Estaba consagrada a la diosa Hekt, que tenía la cabeza de una rana.

El bastón que Moisés arrojó al suelo se convirtió en un cocodrilo (y no en una serpiente), de acuerdo con muchos comentaristas (hebreo, *tannin*). El cocodrilo era una de las principales deidades de los egipcios y esta plaga era para demostrar que Dios es el Creador de las criaturas del Nilo.

Dios también utilizará en su último juicio una especie de caballo sobre la tierra. El más severo de los juicios sobre las naciones procede de los juicios de la quinta y la sexta trompetas predichos en el libro del Apocalipsis.

En la quinta trompeta Dios permite que demonios en forma de caballos con cola de escorpión castiguen a los hombres durante seis meses. Estos caballos salen de un depósito sin fondo que existe en el interior de la tierra (Apocalipsis 9:1-11).

No puede ser un símbolo del juicio que Dios llevó a cabo sobre el antiguo reino de Poseidón en medio del mar.

En el reino de la sexta trompeta, se dice que doscientos millones de caballos, aproximadamente, lucharán en las batallas finales de la tierra «con sangre hasta sus bridas».

El capítulo se cierra con estas palabras:

«Y los otros hombres que no fueron muertos con estas plagas, ni aun así se arrepentieron de las obras de sus manos, ni dejaron de adorar a los demonios, y a las imágenes de oro, de plata, de bronce, de piedra y de madera, las cuales no pueden ver, ni oír, ni andar;

y no se arrepintieron de sus homicidos
ni de sus hechicerías, ni de su fornica-
ción, ni de sus hurtos...»

(Apocalipsis 9: 10-21)

Los cuatro jinetes del Apocalipsis montaban sobre caballos blanco, rojo, negro y amarillo en el
juicio del primer sello (Apocalipsis 6:1-8). Los mismos colores de tales caballos se ven en Zacarías 1:11
y 6:2-7, en conjunción con las patrullas angélicas
sobre la tierra.

El Señor habla de caballos blancos que vienen
de las nubes para luchar contra el Anticristo en la
batalla del Armagedón (Apocalipsis 19:11-21).

Si Poseidón (Lucifer) gobernó una vez la tierra
sobre el continente de la Atlántida donde los caballos eran sacrificados, ¿no podría ser que los juicios por caballos son la maldición de Dios sobre
el mar y sus alrededores?

De nuevo formulamos las preguntas a la luz de
estos signos: ¿Está el dedo de Dios apuntando a un
lugar en el mar que tiene un inmenso significado?

¿Qué es lo que hay bajo el mar?

NOTAS DEL CAPITULO III

1. Parte del humo fue producido probablemente
por la Armada inglesa, pero no podían improvisar de
manera artificial tan grande nube de humo lo sufi-
cientemente densa para ocultar tal cantidad de navíos, por lo cual fue considerado generalmente como
una respuesta a la oración, proveyendo una protección
sobrenatural para la huída del ejército británico.

2. Taylor, A. J. P., *Purnell's History of the 20th
Century* (Burnell 850, t.ª Avenida, New York, N. Y.,
1971), Vol. VII, pp. 1707-1708.

3. Berlitz, Charles, *The Bermuda Triangle* (Avon
Books, 959, Octava Avenida, N. Y., N. Y., 1974), p. 58.

4. Deut. 17:16.

5. Josué 11:4-9.

6. Berlitz, loc. cit.

Capítulo 4

El Triángulo
del Diablo

*Los que descienden al mar en
naves, y hacen negocios en las
muchas aguas, ellos han visto
las obras del Señor y sus maravillas en las profundidades.*

*Porque habló, e hizo levantar
un viento tempestuoso, que en-
crespa sus ondas, tiemblan y
titubean como ebrios y toda su
ciencia es inútil. Entonces cla-
man al Señor en su angustia, y
los libra de sus aflicciones...,
cambia la tempestad en sosie-
go y se apaciguan sus ondas.*

*Luego se alegra porque se apa-
ciguaron; y así los guía al puerto que deseaban.*

(Salmos 107:23-30)

Durante miles de años infinidad de misterios han
rodeado la zona del Triángulo de las Bermudas.[1]

¿Pero son esos sucesos tan misteriosos, o son las especulaciones y las mentiras de ocultistas y sensacionalistas? Y si son mentiras, ¿quién está mintiendo, y por qué?

El Triángulo es un área de doscientas mil millas cuadradas a lo largo de la costa atlántica. Sus extremos son las Islas Vírgenes (cerca de Puerto Rico), las Bermudas y un punto en el Golfo de Méjico al oeste de Florida.[2] En esta zona se dice que han desaparecido más de un centenar de barcos y aviones, la mayor parte de ellos desde 1945.

La Administración Federal de Aviación (FAA) dice que la idea de que los aviones perdidos en el Triángulo hayan sido víctimas de fuerzas siniestras, es un «absurdo».[3]

Si bien admite que existen problemas especiales cuando se sobrevuela la zona del Triángulo, la FAA se burla de la idea sustentada por un número de artículos publicados en revistas y en libros de gran tirada de que «volar en esta zona mítica equivale a corretear a través de las puertas del infierno».[4]

Aunque las autoridades pertinentes están de acuerdo sobre este punto, nosotros reservaremos nuestra conclusión para más tarde.

Existen muchas teorías sobre los supuestos misterios del Triángulo, una de las presentes cuestiones que sólo la Biblia puede contestar.

Ron Libert, de la «UFO Distributing Company», que ha manejado la distribución de la película «El Triángulo del Diablo», producida por Richard Winer, ha ofrecido una recompensa de diez mil dólares a cualquier testigo ocular que pueda resolver el misterio después de que la película complete su círculo teatral itinerante. Winer cita una teoría emitida por James C. Jackson, Jr., de Porstmouth, Virginia, enviada en respuesta a la oferta en su último libro sobre el Triángulo:

El barco fantasma. En el año 1872 este barco de vela, el *Mary Celeste*, fue encontrado abandonado en el Atlántico. (Del Archivo Bettmann.)

Es un pasadizo hacia otra parte de la tierra. Esas extrañas desapariciones ocurren porque seres sobrenaturales desean que nadie conozca los secretos de Satán.[5]

En este capítulo exploraremos algunas de las teorías del Triángulo y buscaremos respuestas a las preguntas de si existe realmente un misterio en el Triángulo y cuál es su secreto.

Creemos que la Biblia tiene las respuestas; respuestas que, si bien no son tan misteriosas, sí que tienen un significado fantástico.

Las fuerzas del espíritu del mundo paralelo son perpetradoras de lo misterioso. Ellas son especia-

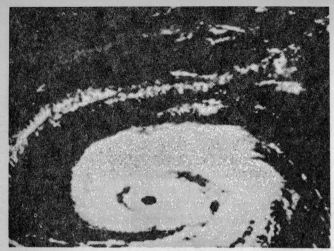

El huracán Gladys del 18 de septiembre de 1964, visto por el satélite meteorológico *Nimbus I* mediante un dispositivo infrarrojo. Los huracanes y los tifones se generan, respectivamente, en el Triángulo de las Bermudas y en el Mar del Diablo. (Foto: "Características de los huracanes", Miller, B. I. *Science*, Vol. 157, páginas 1389-1399, de septiembre de 1967.)

listas de la ilusión y de las verdades a medias. ¿Pero podría su pasión por el misterio ser una tapadera para su actividad real en el Triángulo?

Su propósito es disponer el escenario para eventos proféticos y aportar encanto al reino antiguo de Lucifer, parte del cual se encuentra ahora bajo el mar.

Vuelo 19

Esta es una de las más famosas «desapariciones» ocurridas en el Triángulo.

El teniente C. C. Taylor, al mando de cuatro pilotos estudiantes y sus tripulaciones, catorce hombres en total, despegaron de Fort Lauderdale a las dos y diez de la tarde del 5 de diciembre de 1945 con un tiempo claro. Condujo el vuelo de cinco bombarderos-torpedo «Avenger» de la Marina hacia el este sobre las aguas costeras en un vuelo de entrenamiento para la navegación entre Florida y las Bahamas.

Sobre las tres cuarenta de la tarde Taylor llamó por radio diciendo que su giroscopio y las brújulas magnéticas funcionaban mal. Condujo el vuelo sin rumbo fijo al este, después hacia el oeste y al nordeste sobre el océano intentando conseguir por radio su orientación. Repentinamente Taylor dio órdenes para abandonar. Poco después quedó perdido todo contacto.

Dos hidroaviones gigantes de largo alcance «Martin Mariner» se enviaron en busca del vuelo 19. Horas más tarde se ordenó que los hidroaviones regresaran a la base porque el viento alcanzaba los treinta nudos y la visibilidad se hacía muy limitada. Sin embargo, uno de los «Mariner» pudo aterrizar.

La Marina y la guardia costera buscaron en un área de cien mil millas cuadradas durante días después de lo ocurrido utilizando más de cien aviones y barcos de superficie, pero no se encontró la menor traza de los «Avenger» ni del hidroavión.[6]

El vuelo 19 y el «Mariner» se han convertido desde entonces en los principales actores del espinoso misterio de ese juego del diablo, misterio que ha sido alimentado por declaraciones tales como que se desvanecieron tan completamente como si se hubieran dirigido al planeta Marte. No sabemos qué infierno es el que hay por allí y las presunciones de los escritores buscando también la creación del misterio.

Una de esas presunciones es la del propio teniente Taylor, que dijo por su radio: «No vengáis tras de mí...; parece como si fueran del espacio exterior».

La supuesta comunicación fue recogida por un operador aficionado de radio. Art Ford, periodista, autor y conferenciante, anunció que aquello era una «estremecedora revelación» sobre un programa de televisión nacional en 1974, diciendo que él no daba mucho crédito cuando ocurrió el incidente. Pero más tarde recibió confirmación en un mensaje enviado desde el avión a la torre de control. Ford anotó la frase «No vengáis tras de mí», lo cual compaginaba con la información suministrada por el radioaficionado.

De este modo se saca la conclusión de que hay una interferencia de otro mundo en la desaparición del vuelo 19 y con otros incidentes del Triángulo.

En realidad la recepción de los mensajes por radio entre la torre de control y los componentes del vuelo 19 fue muy deficiente. La conclusión de que no hay otra cosa que el «No vengáis tras de mí» en el mensaje de Taylor es pura especulación.

El testimonio del teniente Robert F. Cox, instructor de vuelo en la estación aeronaval de Fort Lauderdale, aclara el misterio. Estaba en vuelo alrededor del campo aproximadamente a las 3,30 de la tarde cuando interceptó un mensaje de radio, que decía: «No sé dónde estamos. Tenemos de habernos extraviado después del último turno».

Momentos más tarde estableció comunicación por radio con Taylor y le dio algunas instrucciones cerrando la transmisión con las siguientes palabras: «¿Cuál es tu altitud ahora? Volaré hacia el sur y saldré a tu encuentro». Taylor replicó: «Ahora sé dónde estoy. Me encuentro a 2.300 pies. *No vengáis en busca mía*».[8]

La transmisión quedó interrumpida y el vuelo 19 dejó de existir sin que nada volviera a escucharse nuevamente.

El tiempo fue un factor en el incidente del «Avenger». Si bien estuvo claro que los aviones despegaron, la situación se deterioró rápidamente. La turbulencia atmosférica en grado extremo y las condiciones de vuelo faltas de toda seguridad, quedaron informadas por los aviones de rastreo. Además, un barco que navegaba en la zona informó de la existencia de fuertes vientos y de tremendos oleajes.

Taylor perdió el control y falló o no quiso conectar con el canal de radio de emergencia, lo cual habría capacitado al teniente para captar su posición desde las estaciones de la costa. Probablemente el pánico tuvo mucho que ver en todo ello, puesto que los pilotos no eran veteranos experimentados y su instructor se hallaba desorientado. El vuelo no desapareció sobre un mar en calma o en una tarde soleada, sino en una noche oscura y tormentosa en un mar muy encrespado.[9] ¡Misterio resuelto!

Superfortalezas

Un bombardero americano superfortaleza volante desapareció en el año 1947 a un centenar de millas a lo largo de la Bermudas. La propia leyenda especula sobre lo que pudo haber causado tal desaparición: una tremenda corriente de aire que surgió en una nube de cúmulo-nimbo.

Un cúmulo-nimbo contiene tanto las rachas inferiores y superiores invisibles para el radar y que pueden circular en exceso a doscientas millas por hora.

El capitán Marshall Phillips de la guardia costera estaba volando en la zona, en 1962, cuando se encontró encerrado dentro de la garra de una repentina tormenta eléctrica. A los pocos segundos su avión cayó en picado y después subió como si hubiese sido alcanzado por alguna descarga eléctrica. Aquella tormenta afectó fuertemente a las alas del avión y a punto estuvo de arrancarlas. Cuando Phillips se hizo con el avión descubrió que estaba volando a una altura de 800 pies.

Phillips cree que la superfortaleza tuvo que haber volado en el interior de semejante tormenta eléctrica, quedando destruida.[10]

Al Snider

En marzo de 1948 el famoso jockey y dos amigos suyos, se hallaban pescando cerca de Cayo Sandy a lo largo del extremo meridional de Florida. Anclaron el pequeño barco (tomado en alquiler) en aguas poco profundas, y en un bote remaron una corta distancia en dirección a un esquife para pescar. Nunca volvieran al barco. Más de un millar de hombres y cientos de aviones y botes buscaron en vano a dos hombres perdidos. El bote fue encontrado vacío pocos días más tarde cerca de un islote. Pero los hombres desaparecieron sin dejar el menor rastro.

No obstante el *Miami Herald* informó que un fuerte viento con enorme velocidad se había desencadenado por el tiempo en que los hombres extraviados estuvieron pescando. La galerna había batido las costas con un formidable oleaje.[11]

Los distritos del Sur

En diciembre de 1954 un carguero desapareció en los estrechos de Florida. Lo único que quedó del barco cargado de azufre y de su tripulación, compuesta por veintidós hombres, fue un salvavidas. No se supo de ninguna llamada de socorro.

Dice Kusche:

Un "Boeing KB-50" igual que el desaparecido el 8 de enero de 1962 entre la base de las Fuerzas Aéreas en Langley, Virginia y las Islas Azores. (Foto oficial de las Fuerzas Aéreas de los Estados Unidos.)

El comité de encuesta descubrió que un viento nor-nordeste había soplado en la zona cuando el barco se creyó hundido. Este viento tiene una notoria reputación en la zona de la corriente del Golfo, ya que sopla contra la parte norte de la corriente y tiene como consecuencia que ésta se convierta en violenta y con fuerte oleaje, arrastrando incluso a los barcos más grandes lejos de la parte más fuerte de la corriente.[12]

"Connemara IV"

Este yate fue encontrado en septiembre de 1955 abandonado entre las Bahamas y las Bermudas. ¿Fue víctima del misterioso Triángulo? No.

La embarcación quedó atrapada en el huracán Ione. Lluvias torrenciales y vientos superiores a 182 millas por hora con olas de 40 pies quedaron registradas en aquella ocasión.

MISTERIOS NO EXPLICADOS

Sin embargo hay ciertos fenómenos que encierran en sí el elemento misterioso.

Remolcador de guerra

El capitán Don Henry, propietario de una compañía de salvamento de Miami, se hallaba a bordo de un remolcador en 1966 en dirección a Fort Lauderdale, desde Puerto Rico. El remolcador, *Good News* estaba remolcando una gabarra de 2.500 toneladas por medio de un cable.

Se hallaba sobre la lengua del océano; el tiempo era bueno, era tarde, y el cielo también se hallaba claro. Repentinamente las brújulas comenzaron a girar en el sentido de las agujas del reloj. El agua parecía llegarle desde todas direcciones. No existía energía en las instalaciones eléctricas del remolcador, aunque los generadores funcionaban todos.

Henry miró hacia la gabarra remolcada, que parecía estar cubierta por una nube y a su alrededor las olas eran mucho más violentas. Puso en marcha los motores del remolcador pero parecía que algo tiraba hacia atrás.

Henry dice:

El salir de allí era como intentar salir de un banco de niebla. Cuando salimos el cable era arrastrado por la superficie —como en el truco indio de la cuerda— sin nada visible al otro extremo del cable. Salté a la cubierta principal. La barcaza surgió de la niebla, pero no había niebla en ningún otro sitio más. De hecho podía ver hasta una distancia de once millas. En la zona neblinosa donde debería estar la gabarra, el agua se hallaba alterada, aunque las olas no eran grandes.[13]

"Wild Goose"

La barca de 65 pies, empleada en la captura de tiburones estaba siendo remolcada hacia el sur en la lengua del océano. Hacía buen tiempo. A medida que ambas embarcaciones (la barca y el remolcador) se aproximaban a la sección meridional de la lengua, donde el cañón submarino emerge en una profundidad parecida a un cráter de 40 millas de anchura en su extremo sur, la *Wild Goose* fue vista por la tripulación del remolcador como yendo derecha hacia el fondo y «como si se hallara en medio de un torbellino». La tripulación cortó la cuerda de arrastre para evitar ser arrastrados al fondo con la *Wild Goose*.

"C-119 Flying Boxcar"

A principios de junio de 1965, un «C-119 Flying Boxcar» se perdió en las aguas del sur de las Bahamas, aproximadamente a doscientas ochenta millas de Miami. Estaba en ruta con suministros militares hacia Grand Turk. En sus relatos, los periódicos consideraron su desaparición como misteriosa.[14]

Aunque los investigadores rastrearon literalmente dos mil millas cuadradas del Atlántico, no se encontró ni el menor rastro de naufragio, ni evidencia alguna de criatura viviente.

El tiempo era bueno; no obstante, un cierto número de razones pudieron haber causado la catástrofe: fallo de los motores, de la estructura, o una explosión. Las olas eran de dos a tres pies de altura y el viento era sólo de quince nudos. El piloto tuvo que haber tenido problemas con un avión averiado en medio de la oscuridad y ante tales olas.

De no haber sido por otro factor concederíamos esta desaparición como debida a causas naturales.

El «Gemini IV» se hallaba en vuelo en el momento de la pérdida del avión y durante el mismo el astronauta James McDivitt localizó un OVNI con «brazos». En aquel momento, y de acuerdo con la Oficina Internacional de los OVNIS, el objeto volante no identificado visto por el astronauta no había sido explicado. McDivitt describió este objeto volante como cilíndrico, blanco y con un «brazo» sobresaliendo del cilindro. Se ha ofrecido un cierto número de teorías, pero ninguna ha explicado satisfactoriamente la presencia del OVNI.

Kusche se puso en contacto con McDivitt para tener un cambio de impresiones con respecto a este suceso.

Creo que es importante comprobar que la palabra OVNI significa Objetos Volantes No Identificados —dijo McDivitt—. El objeto que vi sigue siendo algo no identificado. Esto no quiere decir, por tanto, que existe un aparato volador que procede de algún remoto planeta del Universo. Y tampoco significa ello que no existan tales naves.

Lo que quiero decir es que yo vi algo
en el transcurso de mi vuelo que yo
ni nadie hasta ahora ha podido iden-
tificar.[15]

En una serie de artículos la Oficina Internacional de los OVNI dice que no puede explicarse el
hecho de otra manera sino imaginándose que el
«C-119» pudiera haber sido capturado por un OVNI.[16]

Esto es, por supuesto, una pura especulación,
pero ya hemos citado la actividad de los OVNI en
el Triángulo y la significación de su mundo paralelo. No podemos afirmar la posibilidad de interfe-
rencias del mundo de los espíritus más que en la
probabilidad de que el «C-119» fuese víctima de
causas naturales. Aunque no estamos de acuerdo
en que los OVNI sean de un planeta extraterrestre,
el hecho permanece: un OVNI fue visto en la zona,
en el momento en que desapareció un avión y ambos quedan sumidos en el misterio.

El misterio de los abismos

En el salmo 42:7 hallamos un pasaje significativo referente a las profundidades del mar.

«Un abismo llama a otro a la voz de tus casca-
das; todas tus ondas y tus olas han pasado sobre
mí.»

El vocablo hebreo para designar la profundidad
es *tehon*, significando una masa que surge de las
aguas, especialmente de lo profundo, el mar principal o los abismos subterráneos.

¿Podría ser una zona de abismos llamando a
otra, una puerta llamando a otra puerta?

La misma palabra se utiliza en el Génesis (1:2),
con el diluvio luciferino: «La oscuridad en la faz

del abismo». También se usa en el diluvio de Noé:
«Las fuentes del abismo se rompieron» (Gén. 7:11).

En Job se dice que el Leviatán hace que las
profundidades hiervan como una olla (41:31).[17]

Resplandor amarillo

Warren y Betty Miller, pilotos misioneros, vieron un resplandor amarillento durante un reciente
vuelo cerca de Cuba, en el Triángulo.[18]

El Salmo 148:7 da una correlación interesante:

> «Alabad al Señor desde la tierra, vosotros los dragones [monstruos marinos], y todos los abismos [o profundidades]. El fuego y el granizo; la nieve y el vapor y el viento de la tormenta que ejecutan su palabra.»

Aquí la palabra que designa el vapor no es la
utilizada para las nubes. Está utilizada sólo en dos
otros lugares en el Antiguo Testamento, en Génesis
19:28 (del *humo* que surgía de Sodoma y Gomorra)
y en el Salmo 119:83 (donde el salmista dice que
él era como una «botella en el *humo*»).

¿Podría existir un resplandor espiritual que sea
visible para algunos y que surge del compartimento
del Sheol-Hades en el mundo subterráneo?

Cuando en el libro del Apocalipsis (9:2) se habla
del abismo, se dice:

> «Y abrió el pozo del abismo, y subió humo del pozo como humo de un gran horno, y se oscureció el sol y el aire por el humo del pozo.

Joel profetizó del tiempo en que Dios «dará prodigios en el cielo y en la tierra, sangre y fuego y
columnas de humo» (Joel 2:30).

El capitán Don Henry dijo que la barcaza que remolcaba parecía estar cubierta por una nube y que las olas existentes a su alrededor eran más grandes que en otros mares.

Cuando estos incidentes se examinan a la luz de la Escritura, nos llevan a imaginar lo relativo a tal declaración como que «el volar en esta zona mítica equivale a pasar a través de las *puertas del infierno*».

La gente puede tomarlo a burla, pero Jesús se refiere a las «puertas del Hades» en Mateo 16:18, y en Isaías 38:10 se mencionan las «puertas de la tumba» (Sheol). Notemos también las «puertas de la muerte» y las «puertas de la sombra de la muerte» en Job 38:17 y Salmos 9:13 y 107:18.

Campo magnético

Las brújulas se han comportado de manera errática en el Triángulo, una característica de muchos de los incidentes ocurridos. Existen sólo dos lugares en el mundo en que las brújulas apuntan hacia el verdadero norte: en el Triángulo de las Bermudas y en el Mar del Diablo, cerca del Japón. En todos los demás lugares apuntan hacia el norte magnético, con unos cuantos grados de diferencia que corresponden a la inclinación del globo terrestre.

Si bien se trata de un fenómeno físico, ¿no podría ser que los espíritus que han ido al mundo inferior mirasen hacia el norte con la esperanza de ser liberados? El norte, dice la Biblia, es el lugar donde está localizado el cielo.

Notemos este pasaje:

«Tú que decías en tu corazón: Subiré al cielo; en lo alto, junto a las estrellas de Dios levantaré mi trono, y en el monte del testimonio me sentaré a los lados del norte.»

(Isaías 14:13)

Sabemos por la Escritura que el Sheol-Hades existe y es como un lugar de espera para los espíritus que han partido de nuestro mundo. ¿Pero dónde se encuentra?

Las perturbaciones físicas del Triángulo de las Bermudas y del Mar del Diablo nos proporcionan una pista. Pueden ser causadas por contactos espirituales entre Dios y Satán en las «puertas del infierno», en la continua batalla que se produce entre el bien y el mal en el mundo paralelo.

Los clarividentes perciben este lugar llamándolo la ciudad perdida de la Atlántida.

Los huracanes y los tifones se engendran allí, en mucho con la misma fuerza que en los días de Job. De acuerdo con Job 1, Satán tiene la autoridad para controlar los elementos causando la muerte y la destrucción. Es como si estuviese controlando los elementos para la destrucción en el Triángulo hoy día.

Resulta reconfortante, no obstante, anotar que Satán no pudo tocar a Job sin el permiso divino. Lo mismo ocurrirá con los cristianos que se aventuren en el Triángulo de las Bermudas o en el Mar del Diablo. Semejantes turbulencias no afectarán sus vidas si Dios no lo permite.

Hoy día existen peligros mortales en todas partes, pero los verdaderos cristianos saben que si en el lugar que sea, padecen un accidente mortal, no van a ir a parar al Sheol-Hades, sino a estar con Cristo, «lo cual es muchísimo mejor» (Filipenses 1:23).

NOTAS DEL CAPITULO IV

1. Llamado también el Triángulo de las Bermudas. En el texto se utiliza indistintamente el Triángulo de las Bermudas y el Triángulo del Diablo. El Triángulo de las Bermudas se llama así porque uno de sus vértices toca las Bermudas.

2. Algunos escritores colocan el vértice de Florida en Miami más bien que extenderlo dentro del Golfo de México.

3. *Los Angeles Times*, "FFA Not Mystified by Bermuda Triangle", 10 noviembre 1975.

4. Ibid.

5. Winer, Richard. *The Devil's Triangle 2* (Bantan Books, Inc., New York., N. Y., 1975), pp. 13-14.

6. Steward-Gordon, op. cit.

7. Kusche, op. cit., p. 100.

8. Ibid., p. 104.

9. Ibid., p. 116.

10. Steward-Gordon, op. cit.

11. *Miami Herald*, domingo 7 de marzo de 1948, p. 1, col. 4, y lunes 8 de marzo de 1948, p. 81.

12. *Miami Herald*, martes, 8 de junio de 1965, p. 12. Ver también la edición del 7 de junio.

13. Kusche, op. cit., p. 210.

14. *Midnight*, 15 de octubre de 1973, p. 11, 22 de octubre, p. 11, 29 de octubre, p. 7.

15. Rey del mar. El Leviatán queda discutido en el capítulo VII.

16. Ver su relato en el capítulo I.

Capítulo 5

El misterio resuelto

*El camino de la vida es hacia
arriba al entendido, para apartarse del Seol, abajo.*

(Proverbios 15:24)

Durante miles de años el mundo inferior ha sido el lugar de encuentro y espera para los espíritus que parten de este mundo.

La Biblia lo llama «Sheol» en el Antiguo Testamento, y «Hades» en el Nuevo.[1] Se distingue en la Escritura del *sepulcro*, donde va el cuerpo en la muerte.

La palabra hebrea que designa el sepulcro en el Antiguo Testamento, es *qeber*. Cuando un hombre muere, su cuerpo se coloca en él. Pero su espíritu y su alma van al Sheol-Hades.

107

EL LUGAR DE ENCUENTRO
DE LOS ESPIRITUS

Desde Adán hasta los tiempos de Cristo, todos los espíritus de nuestro mundo iban al Sheol-Hades, que estaba dividido en compartimentos. Uno era un lugar de tormento donde iban los malvados. Otro, el seno de Abraham y el Paraíso (Lucas 16:22 y 23: 43), era un lugar de comodidad y de esperanza donde los justos iban después de su muerte.

La Biblia dice que existía un gran espacio que separaba esos dos compartimentos, de tal forma que ninguno pudiera pasar entre ellos (Lucas 16:26).

No era posible para los justos que habían muerto antes de la venida de Cristo ir al cielo, porque el Señor aún no había derramado su sangre en expiación por el pecado del hombre. Tenían que esperar la llegada de Cristo.

Algunos eruditos de la Biblia les llaman los «prisioneros de la esperanza» tomando sus pensamientos de Isaías 14:17, donde se dice que Satán «no permitía que sus prisioneros fuesen a su verdadero hogar» (RSV).

El Sheol-Hades se describe como una verdadera prisión en los siguientes pasajes:

> «...El [Cristo] fue y predicó a los espíritus encarcelados.»
>
> (1.ª Pedro 3:19)

> «Ellos irán hacia las prisiones del abismo...»
>
> (Job 17:16)

En su muerte Cristo fue «al corazón de la tierra» (Mateo 12:40) para predicar a esos espíritus en prisión (1.ª Pedro 3:18-20 y 4:6) y llevarlos de allí al cielo.

El paraíso transferido

La Biblia no explica todo lo que ocurrió cuando Jesús fue al Sheol-Hades, entre su muerte y su resurrección. Pero podemos entender que liberó a los espíritus que se fueron de la tierra «al seno de Abraham», lugar de consuelo y espera situado en el mismo Hades, y los llevó arriba a un lugar mucho mejor en los cielos (Efesios 4:8-11).

En la Escritura el Sheol-Hades ocupa su lugar *abajo*, en tanto que el Cielo está siempre *arriba*. Cuando Jesús estaba en la cruz dijo al ladrón crucificado: «Hoy estarás conmigo en el Paraíso». En aquel momento el Paraíso o el seno de Abraham estaba aún situado en un compartimento *abajo*, en el Sheol-Hades. Las referencias bíblicas al Paraíso, después de la resurrección, sin embargo, lo colocan *arriba* en la Ciudad Santa de Dios (Apocalipsis 2:7 y 22:14) llamada del Cielo.

OTROS COMPARTIMENTOS

Existen aparentemente varios compartimentos en esta prisión del mundo inferior. Además de la sección donde los espíritus de los malvados esperan el juicio y el llamado una vez seno de Abraham, se menciona otro llamado Tártaro, que se cita en 2.ª Pedro 2:4, donde los ángeles que se casaron con las hijas de los hombres están confinados.[2] Este cruzamiento por matrimonio entre los ángeles caídos y la humanidad trajo como consecuencia el diluvio, que sirvió de purga y envió la raza anterior a Noé al Sheol en espera de su juicio.

En el libro del Apocalipsis 9:14-15, cuatro ángeles surgen del río Eufrates después de haber sido liberados. ¿Existe otro compartimento del Sheol-Hades bajo aquel río?

Los centauros en forma de langosta y escorpión

del Apocalipsis salen de un abismo sin fondo y tienen como rey a Abadón (Apocalipsis 9:1-5, 11). ¿Es éste también otro compartimento?

La bestia demoníaca que representa el Anticristo del Apocalipsis queda suelta del abismo sin fondo (Apocalipsis 11:7 y 17:8).[3] También se dice que *sale del mar* (Apocalipsis 13:1).[4]

No obstante es preciso decir aquí que el detalle de si todos estos elementos surgen del mismo compartimento o están encerrados en diversos lugares, es algo abierto a la especulación. Pero sí existe una fuerte indicación en la Biblia y en experiencias extrabíblicas para apoyar esta teoría.

La idea general es que el Sheol-Hades tiene sólo un compartimento para los espíritus que parten de nuestro mundo desde la transferencia del Paraíso al Cielo. ¿Pero podría existir un número variado de grados de castigo dentro de esta misma región?*

---

* Es cierto que Jesús habla en futuro en el pasaje de Mateo 11:20-24, pero en la parábola del rico y Lázaro da a entender que el castigo sigue a la muerte del malo de un modo inmediato. La idea de un purgatorio más o menos similar al infierno, de cuyos castigos las almas pueden ser aliviadas o libradas mediante limosnas desde la tierra, no es bíblica. El Hades podría ser un lugar de sueño o amodorramiento para las almas menos culpables que esperan el juicio (Salmo 88:11; Isaías 38:18 y 19) y de castigo inmediato para los más culpables; mientras que para los creyentes que han conocido y esperado en Cristo en esta vida su traslado es inmediatamente a la presencia del Señor (véase Filipenses 1:23, 2.ª Corintios 5:8-10 y Lucas 23:43). Por más que estas almas salvas tengan todavía un deseo y la esperanza de una promesa: la resurrección del cuerpo, o sea, la posesión de un cuerpo glorificado (*soma ouranou*) que les permita relacionarse y disfrutar, no tan solamente del mundo espiritual, sino también del universo físico de Dios, con todas sus maravillas y grandezas (véase Hebreos 11:39-40; Apocalipsis 6:9 y 2.ª Corintios 5:4).

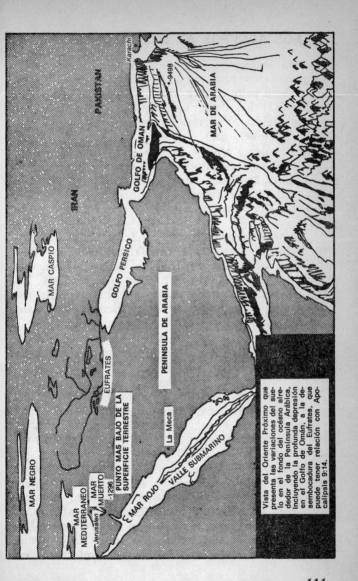

MAR NEGRO

MAR CASPIO

MAR MEDITERRANEO

MAR MUERTO
Jerusalén -1.296

PUNTO MAS BAJO DE LA SUPERFICIE TERRESTRE

EUFRATES

La Meca

MAR ROJO

VALLE SUBMARINO

PENINSULA DE ARABIA

GOLFO PERSICO

IRAN

GOLFO DE OMAN

PAKISTAN
Karachi
•9498

MAR DE ARABIA

Vista del Oriente Próximo que presenta las variaciones del sue-lo en el fondo del océano alre-dedor de la Península Arábica, incluyendo la profunda depresión en el Golfo de Omán, a la de-sembocadura del Eufrates, que puede tener relación con Apo-calipsis 9:14.

111

LOS ACCESOS AL MUNDO INFERIOR

Para los antiguos griegos el abismo sin fondo significa «las profundidades del tiempo original», «el océano primitivo» e «inundaciones de agua». En Lucas 8:31 los demonios le pidieron a Cristo que no les enviara al abismo (en griego, *abissos*, las profundidades del mar).

Este mismo abismo se cita en el Apocalipsis como la prisión del mundo subterráneo (Apocalipsis 20:7 y 20:2). Tiene unas puertas (Mateo 16:18 e Isías 38:10) con llaves (Apocalipsis 1:18 y 9:1-2), y el humo que emerge de ellas se cita en Apocalipsis 9:2.

Nosotros preguntamos: ¿podrían tener las perturbaciones existentes en el Triángulo de las Bermudas y en el Mar del Diablo alguna conexión con las entradas o accesos al bíblico Sheol-Hades? ¿Están sus puertas bombardeadas por fuerzas espirituales internas y externas que dejan escapar unas fuerzas físicas tremendas en la naturaleza?

Podrían existir dos puertas, o posiblemente doce, si Iván Sanderson está en lo cierto con su teoría sobre el particular.

Las dos puertas estarían la una en el Triángulo de las Bermudas y la otra en el Mar del Diablo. Las puertas estarían localizadas en los dos lugares más profundos bajo el mar, conocidos como la Fosa de las Marianas, en Guan, a 36.198 pies, y en la fosa de Puerto Rico, a 27.500 pies.

Cuando se refiere al Sheol-Hades la Biblia nunca menciona la palabra puerta en singular. Lo hace siempre en plural. Si pudiésemos taladrar un agujero paralelo al Ecuador en línea recta, atravesando el mundo desde el Triángulo de las Bermudas, emergería en el Mar del Diablo, cerca de las Islas Marianas, en el Océano Pacífico. La referencia en la Biblia de las puertas (en plural) podría significar cuanto menos que ambas están situadas en lugares antípodas del globo terrestre.

La teoría de Sanderson es que existen doce vórtices (torbellinos) o aberraciones electromagnéticas, y que están a intervalos de 72 grados alrededor del mundo habiendo cinco en el hemisferio Norte y cinco en el Sur y uno en cada polo.

La Nueva Jerusalén, la ciudad celestial que se cita en Apocalipsis 21, tiene doce puertas (21:12). ¿Podría ser que la morada de los espíritus que han marchado de la tierra tiene también doce puertas? Una de esas puertas, dice Sanderson, está en la boca o desembocadura del río Eufrates. Es aquí donde los cuatro ángeles demonios serán puestos en libertad para conducir los doscientos millones de jinetes infernales a la batalla durante el período descrito en Apocalipsis 9:14.

La Escritura se refiere a las «puertas del Infierno» (Hades) en Mateo 16:18, las «puertas del sepulcro» (Sheol) en Isaías 38:10, las «puertas de la muerte» y las «puertas de la sombra de la muerte» en Job 38:17 y Salmos 9:13 y 107:18.

La Escritura se refiere sólo a las puertas como entrada o acceso al mundo inferior, pero hay quienes añaden que detrás de las puertas hay un corredor que conduce a la cámara subterránea.

Lorne Fox, al describir su visita al mundo inferior, dice:

> Al principio todo parecía envuelto en una total oscuridad, y después, tras un cierto tiempo, comenzó una leve y fantástica luz junto con las sombras, como la luz parpadeante de un fuego, que gradualmente fue haciéndose más brillante.

MAR del DIABLO

COREA
JAPON
Tokyo
Japan Trench •-28000
•-32800
Izu Trench
MAR DE CHINA
•-180
Islas Ryukiu
Trinchera de Ryukiu
-21000 'Daito Islands
Cañón de Parece Vela
TAIWAN
•-18500
•-7300
Parece Vela
MAR DE FILIPINAS
ISLAS MARIANAS
•-220
•-12000
GUAM
•-15400
•-31700
Manila
ISLAS FILIPINAS
•-36198
WORLD'S GREATEST OCEAN DEPTH
TRINCHERA DE FILIPINAS
Yap Trench
MINDANAO
Islas Carolinas
•-26500
MAR DE LAS ISLAS CELEBES
Hondanada de Aripik
•-14800
CELEBES
NUEVA GUINEA

114

El clarividente Dykshoorn dice que en el Triángulo de las Bermudas «existe un vórtice gigante o torbellino que se origina en *un agujero* en el fondo del océano».

Si bien esta deducción proviene de un ocultista, merece ser tenida en cuenta ya que Satán es consciente de su existencia. Las Escrituras corroboran la teoría del agujero-corredor. Notemos lo siguiente: «Agujero del abismo» (Isaías 51:1), «la boca del sepulcro» (Salmos 141:7) y «el abismo cerró su boca sobre mí» (Salmos 69:15).

Jacques Bergier, científico ocultista francés y miembro de la Real Sociedad de las Artes, sugiere también que existen puertas secretas a la tierra, fenomenales pasajes a otras esferas dentro de la tierra visible.

Habla de siete niveles de energía llamados «dwipas», que son mundos como el nuestro. Al menos uno de los dwipas está habitado, afirma el autor.

En él vive el Rey del Mundo, quien salvaguarda lo que es esencial para la humanidad, sus aspiraciones espirituales —dice Bergier—. Es posible ir a la ciudad del Rey del Mundo y volver. También es posible encontrar en la tierra a sus mensajeros que vuelven. Y últimamente es posible recibir una enseñanza que tiene su origen en esta ciudad.[6]

La Biblia por supuesto no apoya toda la teoría de los dwipas del profesor espiritista, pero ofrece algunas referencias análogas interesantes. Por ejemplo, llama a Satán el «dios de este mundo» (2.ª Corintios 4:4) y describe la influencia satánica sobre las aspiraciones humanas. La Biblia también apoya la idea de dos reinos, físico y espiritual.

Los seres demoníacos, por supuesto, son la definición de la Biblia de los mensajeros dwipa de Bergier. Y que es posible recibir influencias y enseñanzas procedentes del mundo del espíritu, no sólo

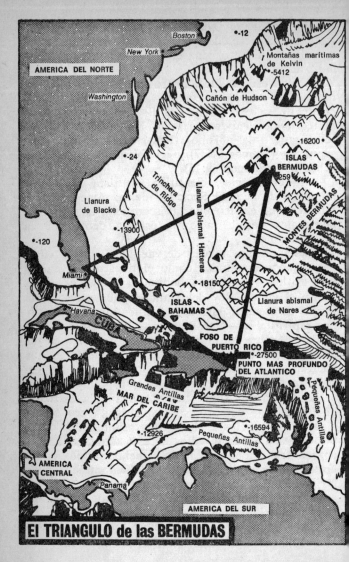

El TRIANGULO de las BERMUDAS

116

está indicado en la Escritura, sino que es evidente en todas las religiones y sus cultos en todo el mundo.

Bergier cree que la frontera entre la Tierra y otros sistemas, aunque invisible, se cruza fácilmente, lo que parece demostrar precisamente por las experiencias ocultistas.

Y concluye diciendo: «Si nuestra tierra es un lugar de tránsito, es preciso que haya *puertas* que conduzcan a lo desconocido.

No tenemos ni la más ligera idea de cómo es esa puerta; sin embargo, ella hace posible los tránsitos accidentales y esto podría explicar la aparición de cosas y de personas en el mundo físico.[7]

Bergier dice que los lugares sospechosos de albergar estas puertas secretas se distinguen por la alteración de la gravedad y el magnetismo terrestre; de visiones por los visitantes en tales lugares y por desapariciones enigmáticas. Coloca una de las puertas en el Triángulo de las Bermudas.

NOTAS DEL CAPITULO V

1. El Sheol se menciona 65 veces en el Antiguo Testamento. La versión del Rey Jaime cita este concepto traducido por sus traductores como "tumba" en treinta y dos referencias. La versión The New American Standard traduce invariablemente Sheol, como lo hacen otras varias traducciones modernas. Todas esas 65 referencias se refieren al lugar de reunión de los espíritus difuntos en el mundo inferior.

2. Génesis 1, 6-4; 1.ª Pedro 3:19; 20 y Judas 6.

3. Gobernante diabólico del fin de los tiempos que los estudiosos de la profecía bíblica creen que controlará la Europa Occidental y las naciones del mundo libre durante siete años antes del Armagedón.

4. Algunos eruditos de la Biblia dicen que la palabra "mar" representa las "naciones", basando sus interpretaciones en Apocalipsis 17:15 (las aguas son

"pueblos y multitudes, y naciones y lenguas"). Si bien la interpretación del pasaje es correcta, no puede ser aplicada a la palabra "mar" en Apocalipsis 13:1. "Mar" es en este pasaje *thalasse*. "Aguas", en Apocalipsis 17:15, es *hudor*. Tomamos "mar" literalmente porque Sheol-Hades es un compartimento bajo el mar y porque "aguas", en Apocalipsis 17:15 y "mar" en Apocalipsis 13:1, son dos palabras griegas diferentes.

5. Lindsay Gordon, ed. *Scenes Beyond the Grave* (Christ For The Nations, Dallas, Tex., 1973), pp. 61-73.

6. Bergier, Jacques, *Secret Doors of the Earth* (Henry Regnery, Co., 180 North Michigan Ave. Chicago, Ill., 1975), pp. 22, 23.

7. Ibid., p. 51.

Capítulo 6

Abismo bajo el mar

Los espíritus tiemblan bajo las aguas y sus habitantes.

El Seol está descubierto delante de él y el Abadón no tiene cobertura.

(Job 26:5, 6)

Al hombre sólo le queda una frontera.

Todos los lugares de la tierra han sido explorados, sus desiertos conquistados y sus recursos explotados.

La ciencia ha conquistado la más pequeña de las moléculas de la tierra y los microscopios electrónicos que pueden ampliar un dólar de plata hasta el tamaño del Central Park neoyorquino, han podido hacernos observar las más pequeñas construcciones de la biología: la molécula DNA, de la cual surge toda la vida de una forma predeterminada.[1]

Asimismo el hombre ha caminado sobre la Luna y está enviando al espacio instrumentos en dirección a otros planetas del Universo. Pero tiene otras fronteras que explorar. Una de ellas con muchos misterios.

LA FRONTERA DE LOS MISTERIOS

El océano es un gran motor térmico. La mayor parte de la energía solar pasa virtualmente sin impedimento alguno a través de la atmósfera dentro del océano donde queda absorbida y transformada. Casi una tercera parte de la energía solar que llega a la superficie terrestre lo hace para evaporar el agua del mar. La inercia térmica de éste, la circulación del agua y la distribución geográfica del océano y la tierra influencian profundamente el clima y las variaciones atmosféricas de nuestro planeta.[2]

El océano ha encerrado y tiene guardados muchos secretos en sus profundidades, tales como los fósiles vivientes recientemente hallados, y que se suponían extinguidos. Han sido halladas otras especies de vida marina, elevándose su número a más de doscientos mil, número que aumenta con nuevos hallazgos en cada expedición oceanográfica.

¿Qué otros secretos encontrará el hombre en los años venideros?

El sonido viaja en el océano con mucha más rapidez que en el aire. Una explosión de un bloque de una libra de dinamita en el aire puede ser oída a casi una media milla. La misma explosión a una profundidad media en el océano puede ser oída al instante a miles de millas de distancia.[3]

¿Qué oirá el hombre si escucha los sonidos del interior de la tierra desde las profundidades del Triángulo de las Bermudas y del Mar del Diablo en los años futuros?

El carácter fluido del agua en nuestro planeta es el milagro que hace posible la vida. Pero por el hecho de que los océanos rellenan las partes bajas de la tierra, son el último sumidero de los desperdicios siempre en aumento de las industrias humanas.

UNA CIVILIZACION BAJO EL MAR

Sí, el mar tiene muchos misterios y sirve a muchos propósitos. No solamente es el depósito de todos los desperdicios del hombre y el motor térmico del mundo; el mar es la cobertura de una vasta civilización submarina compuesta por los espíritus que se marcharon de la tierra, de la raza humana y de los ángeles caídos.

Como el hombre antiguo creía que su cuerpo estaba enterrado en un abismo, así creía también que sus espíritus iban a los abismos de la tierra bajo el mar.

El libro de Dios, la Biblia, lo sostiene. Llama a la civilización subterránea el Sheol-Hades.

Los siguientes versículos se refieren al Sheol-Hades indicando que sus puertas o entradas están bajo el mar y de que hay un corredor llamado «el abismo sin fondo», o «abismo», que conduce desde la superficie del planeta al Sheol-Hades bajo un mundo que está en la dimensión submarina.

1. Gerhard Kittel dice en su *Diccionario teológico del Nuevo Testamento*:

«El Sheol significa la oscuridad (Job 10:21), el reino de los muertos que está situado debajo del océano (Job 26:5). Asimismo Job, inspirado por el Espíritu Santo, dice: "Las sombras tiemblan en lo profundo de los mares y sus habitantes se estremecen. El Sheol está descubierto delante de El, y el Abadón no tiene cobertura.

»Allí parece que iban a parar todos los hombres indiscriminadamente (Salmos 89:48) y muchos también en la actualidad, como tendremos ocasión de ver.»[4]

2. Con referencia a Job 26:5-6, el doctor Finis Dake dice:

«El lugar de los espíritus que partieron de la tierra, de los gigantes y de los hombres malvados ordinarios, se encuentra bajo los océanos y por debajo de la tierra.»[5]

Dake basa su conclusión en tres traducciones de ese pasaje:

a) *Versión de los Setenta*

¿Surgirán los gigantes desde debajo del agua y de los lugares cercanos a su vecindad?

b) *Traducción de Moffatt*

Ante El se returcen los gigantes primigenios, bajo el océano en su prisión; el mundo inferior está abierto a sus ojos.

c) *Traducción de Centon*

Los refaim fueron destruidos. Y permanecen bajo los mares.

3. Los espíritus que marcharon de la tierra tiemblan bajo las aguas y sus habitantes.

«El Sheol está desnudo ante El y Abadón no tiene cobertura» (Job 26:5-6).

Este es el tema del versículo de este capítulo. La mayoría de los comentaristas de la Biblia están de acuerdo que «bajo las aguas» se refiere al mar. Aquí se da una referencia directa situando al Sheol bajo el mar y nombrando a uno de sus habitantes, Abadón.

4. «Por cuanto habéis dicho: Pacto tenemos hecho con la muerte, e hicimos convenio con el Sheol; cuando pase el turbión del azote, no llegará

122

a nosotros, porque hemos puesto nuestro refugio en la mentira y en la falsedad nos esconderemos.

»Por tanto, el Señor dice: He aquí que yo he puesto en Sión por fundamento una piedra, piedra probada, angular, preciosa, de cimiento estable; el que creyere, no se apresure.

»Y será anulado vuestro pacto con la muerte y vuestro convenio con el Sheol no será firme, cuando pase el turbión del azote, seréis de él pisoteados.» (Isaías 28:15-18.)

Isaías se refiere a los malvados gobernantes de Jerusalén, de quienes dice que tienen hecho un «convenio con la muerte», «un pacto con el Sheol», por tanto, dicen, cuando pase el turbión del azote no llegará a nosotros. Pero los versículos 16 y 17 establecen que El ha puesto una «piedra angular en Sión», refiriéndose al Mesías que había de venir. El hará justicia «con justa medida» y pondrá igualmente lo justo «a nivel».

Isaías continúa diciendo: «El granizo barrerá el refugio de la mentira, y las aguas arrollarán el escondrijo» (versículo 17).

El profeta se estaba refiriendo a la próxima invasión de Babilonia cuando quemarían Jerusalén hasta los cimientos. Este fue el turbión del azote que castigaría a los malvados gobernantes.

Otra interpretación del mismo texto es considerar el turbión del azote igualándolo al Sheol. El azote era un látigo utilizado para castigar a los criminales, y se utiliza con este sentido en el versículo 18 cuando Dios dice: «Y será anulado vuestro pacto con la muerte y vuestro convenio con el Sheol, cuando pase el turbión del azote [látigo]». Pero la palabra «azote» en el versículo 15, no es la misma palabra hebrea; aquí significa «el remo de un bote» que se utiliza para golpear las olas del mar. Algunas traducciones utilizan la palabra «diluvio» en el compartimento del Sheol. Volviendo a componer las frases del versículo 15, se leería:

5. «Y con el Sheol hemos hecho un pacto. La inundación de las aguas no nos alcanzará cuando pasen.»

Sobre su ruina habitarán todos los pájaros de los cielos. Y todas las bestias del campo estarán sobre sus ramas *caídas* con objeto de que todos los árboles que estén bajo las aguas no puedan ser alterados en su estatura, ni que sus copas lleguen entre las nubes, ni que su fuerza bien irrigada *crezca* en su altura.

«Ya que todos ellos han sido entregados a la muerte, a la tierra que hay debajo, entre los hijos de los hombres, con aquellos que descienden al abismo. Así ha dicho el Señor Dios: El día que descendió al Sheol hice hacer luto, hice cubrir por él el abismo y detuve sus ríos, y las muchas aguas fueron detenidas, al Líbano cubrí de tinieblas por él y todos los árboles del campo se desmayaron.

»Del estruendo de su caída hice temblar a las naciones, cuando las hice descender al Sheol con todos los que descienden a la sepultura; y todos los árboles escogidos del Edén y los mejores del Líbano, todos los que beben aguas, fueron consolados en lo profundo de la tierra. También ellos descendieron con él al Sheol, con los muertos a espada, los que fueron su brazo, los que estuvieron a su sombra en medio de las naciones.» (Ezequiel 31: 13-17.)

Ezequiel se refiere a la gran nación de Asiria (versículo 31:3), y la compara a un cedro. Los muchos ríos que fluyen a través de Asiria la hacen verde y próspera. Sin embargo, el Señor va a detener estas «aguas» y les dará las «aguas» de lo «profundo».

«En el día cuando descendió al Sheol..., yo cerré lo profundo sobre él...»

Lo «profundo» son las aguas subterráneas a grandes profundidades (ver Apéndice capítulo II). El Señor detuvo los ríos de tal forma para que este «cedro» (la nación de Asiria) cayese bajo el juicio de las aguas del Sheol y se marchitase. Nuevamente la Biblia relaciona el Sheol con las aguas.

6. «Al sepulcro te harán descender, y morirás con la muerte de los que mueren en medio de los mares.» (Ezequiel 28:8.)

Cuando se pronuncia el juicio sobre el príncipe de Tiro (emblema de Satanás, según se desprende de los versículos 13-17), de nuevo el «abismo» está asociado con el «corazón de los mares».

7. «Entonces oró Jonás al Señor su Dios desde el vientre del pez y dijo: Invoqué en mi angustia al Señor y él me oyó; desde el seno del Sheol clamé, y mi voz oíste. Me echaste a lo profundo, en medio de los mares y me rodeó la corriente; todas tus ondas y tus olas pasaron sobre mí. Entonces dije: Desechado soy de delante de tus ojos; mas aún veré tu santo templo.

»Las aguas me rodearon hasta el alma, rodeóme el abismo; el alga se enredó en mi cabeza, descendí a los cimientos de los montes; la tierra echó sus cerrojos sobre mí para siempre; mas tú sacaste mi vida de la sepultura, oh Señor Dios mío.» (Jonás 2:1-6.)

Si bien esto es la descripción del mar y del pez, Jonás parece tener en mente todas las descripciones del Sheol. Palabras como «la profundidad del Sheol», «lo profundo», «el corazón de los mares», «la corriente me rodeó», «el alga se enredó en mi cabeza», «los cimientos de los montes», «la tierra con sus cerrojos», «sacaste mi vida de la sepultura», son todas ellas descripciones de los abismos del Sheol-Hades. Todas estas frases muestran el miedo de Jonás a morir y descender aún más abajo que el estómago del gran pez, lo que parecía inevitable dada su situación.

8. «El volverá a tener misericordia de nosotros; sepultará nuestras iniquidades y echará en lo profundo del mar todos nuestros pecados.» (Miqueas 7:19.)

Este versículo habla del entierro de Cristo a causa de nuestros pecados. Dios dice que nuestros pecados han sido arrojados a las profundidades del mar. Cristo murió en la cruz por la expiación de nuestros pecados. Fue enterrado y durante tres días fue al Sheol-Hades (1.ª Pedro 3:19). Haciendo literal y gráfica la frase, significaría que nuestros pecados no solamente quedaron clavados en la cruz, sino que fueron llevados a las «profundidades del mar».

El lugar más profundo del mar está en el Foso de las Marianas, aproximadamente de once a quince mil metros de profundidad. El edificio Empire State de Nueva York tiene 1.248 pies de altura. Harían falta, por lo tanto, veintinueve edificios como éste puestos uno sobre otro en este océano y aún faltarían veintiocho pies para llegar a la superficie desde el fondo marino.

El monte Everest, la montaña más alta del mundo, tiene 29.141 pies de altitud. Si este monte fuese sumergido en esta profundidad, aún quedarían 7.057 pies de agua por encima de su cúspide.

Existen ocho toneladas de presión por pulgada cuadrada en el punto más profundo del océano.[6] En el océano del perdón de Dios está la presión de su amor divino, todo el amor mostrado por Cristo en el huerto de Getsemaní, en el Calvario y en su sepulcro y su posterior resurrección. Una vez que nuestros pecados han sido arrojados al mar de su perdón, la presión de su amor los mantiene en las profundidades del pasado y nunca más volverán a aparecer ni habrá recuerdo de ellos.

9. «Y le preguntó Jesús, diciendo: ¿Cómo te llamas? Y él dijo: Legión. Porque muchos demonios habían entrado en él. Y le rogaban que no los mandase ir al abismo. Había allí un hato de muchos cerdos que pacían en el monte; y le rogaron que los dejase entrar en ellos; y les dio permiso. Y los demonios, salidos del hombre, entraron en los cerdos; y el hato se precipitó por un despeñadero al lago, y se ahogó.» (Lucas 8:30-33.)

La palabra «Legión» procede del nombre dado a las legiones romanas, que se numeraban desde cuatro a seis mil hombres. Si existía o no tal cantidad de demonios poseyendo al hombre, es un hecho abierto a la conjetura; puede ser una hipérbole. La Biblia dice, sin embargo, que «muchos demonios habían entrado en él».

Los demonios pidieron a Cristo que no les enviase al «abismo». Los demonios conocen los «abismos» y, como hemos dicho en capítulos anteriores, lo proclaman como su lugar de origen.

Estos «abismos» son la misma palabra utilizada en Apocalipsis 9:1 y 20:1 (*abismos sin fondo,* en la versión del Rey Jaime). Esta es la contrapartida en el Nuevo Testamento para la palabra «profundo» del Antiguo Testamento en el Génesis 1:2 (ver Apéndice, capítulo II).

Cristo accede a la petición de los demonios y los envía dentro de una piara de cerdos que pastaban en las proximidades. He aquí una cosa interesante que sucede: los cerdos corren y se arrojan por una ladera al lago y se ahogan. Si esos demonios eran los espíritus incorpóreos de la raza preadámica, han experimentado el ahogarse en agua antes, en la inundación de la caída de Lucifer. De aquí que ellos supieran que mediante su entrada en la piara de cerdos dentro del lago, podrían ganar y obtener su libertad para volver a entrar en los humanos más bien que en los animales.

10. «Y él permaneció sobre la arena de la orilla.

»Y vi subir del mar una bestia que tenía siete cabezas y diez cuernos; y en sus cuernos diez diademas; y sobre sus cabezas un nombre blasfemo.» (Apocalipsis 13:1.)

De acuerdo con muchos comentaristas de la Biblia, esta «bestia» es el Anticristo del fin de los tiempos. La «bestia» representa tres cosas:

a) Es un príncipe de los demonios que se encuentra encerrado en el «abismo» y será soltado en la tribulación del fin de los tiempos (Apocalipsis 11:7). Esta es la misma bestia que surgirá del mar procedente del «abismo» (algunos creen que este príncipe de los demonios es el «Príncipe de Grecia» revivido que menciona Daniel 10:20).

b) Es un hombre mortal y recibe el poder del dragón al final de los tiempos (2.ª Tesalonicenses 2:3-12 y Apocalipsis 13:4-10). Este hombre mortal está poseído por el príncipe de los demonios quien surge del abismo en Apocalipsis 11:7.

c) Es también un reino, el octavo y último reino anterior a la segunda venida de Cristo del cual ese dictador mundial es la única cabeza (Apocalipsis 17:11).

POR QUE BAJO EL MAR

El Sheol-Hades está bajo el mar por causa de los dos grandes diluvios destructores. El agua cubrió la tierra en ambos juicios, el de Lucifer y el de Noé. Los habitantes —los gigantes primigenios, los Nefilim y la humanidad— fueron ahogados y cubiertos por un diluvio de agua mediante el cual el Señor limpió su planeta para prepararlo para futuras generaciones.

Por lo que concierne al diluvio de Noé, la Biblia dice:

> «Y vio el Señor que la maldad de los hombres era mucha en la tierra, y que todo designio de los pensamientos del corazón de ellos era de continuo solamente el mal. Y se arrepintió el Señor de haber hecho hombre en la tierra y le dolió en su corazón. Y dijo el Señor: Raeré de sobre la faz de la tierra a los hombres que he creado desde el hombre hasta la bestia y hasta el reptil y las aves del cielo y he aquí que yo traigo un diluvio de aguas sobre la tierra, para destruir toda carne en que haya espíritu de vida debajo del cielo; todo lo que hay en la tierra morirá.»
>
> (Génesis 6:5-7, 17)

Los Nefilin fueron destruidos por el diluvio de Noé (Génesis 6:4). Después de los matrimonios de sus ángeles caídos con las hijas de la simiente de Adán, Dios se entristeció lamentando haber hecho al género humano. Esta corrupción de la descendencia adámica es una de las razones para el comienzo del Sheol-Hades en el mundo inferior.

Existe un juicio especial que espera a estos ángeles, como se dice en 2.ª Pedro 2:4.

> «Porque si Dios no perdonó a los ángeles que pecaron, sino que arrojándolos al infierno los entregó a prisiones de oscuridad para ser reservados al juicio;

y si no perdonó al mundo antiguo sino
que guardó a Noé, pregonero de justicia, con otras siete personas, trayendo
el diluvio sobre el mundo de los impíos...»

La palabra con que se designa aquí al infierno,
es *Tártaro*, el compartimento más bajo del Sheol-
Hades. Esta es la única vez que se emplea esta palabra en la Biblia, y en los escritos griegos; el Tártaro se creía ser un lugar más bajo en la Tierra
que el Hades, donde vivían los titanes (gigantes),
las deidades primigenias que se suponía fueron los
primeros hijos de la Tierra, incluso más antiguos
que los dioses griegos. Estas deidades, de acuerdo
con la mitología griega, fueron arrojados al Tártaro
cuando perdieron su guerra con Zeus, padre de los
dioses.[7]

Esta es la primera mención histórica en la Biblia de un compartimento del mundo inferior. El
Tártaro surge como lugar de reclusión para los Nefilin del tiempo de Noé. Es probable que desde ese
compartimento tan bajo del Sheol-Hades muchos de
los seres demoníacos sean sueltos durante la gran
tribulación.

No tenemos ninguna evidencia de que ningún
ángel caído fuese puesto en el Sheol-Hades antes
del diluvio de Noé. Los ángeles que cayeron con
Lucifer pudieron haber permanecido sueltos hasta
el diluvio de Noé. Esto, por supuesto, es una pura
especulación, pero sabemos que muchos ángeles
caídos no están aún confinados; están libres para
actuar por la tierra bajo el control de Satán. Será
durante la gran tribulación que los que están enca-
denados en el Tártaro se reunirán con sus compañeros que andan libres sobre la tierra para preparar
la batalla del Armagedón (Apocalipsis 9). Es du-

rante el período de estos siete años cuando «todo el infierno quedará suelto».

Hasta la resurrección de Cristo todos los espíritus que se fueron de la tierra estarán guardados en el Sheol-Hades.

Vimos en el capítulo anterior cómo esta región inferior estaba dividida en dos zonas. Una es llamada el seno de Abraham o Paraíso, y se dedica a los justos. Los impíos quedan encerrados en la zona que existe aparte del Paraíso. Estas regiones quedaron separadas a gran distancia, de tal forma que los residentes de uno y otro lado no puedan cruzarse, según dice la Biblia.

Después de la resurrección Cristo tomó a los que estaban en el Paraíso y «cuando El ascendió a lo alto, llevó cautivos a una gran hueste» (Efesios 4:8) a los cielos. Ahora el Paraíso ya no está en el Sheol-Hades. Esos santos del Antiguos Testamento los presentó al Padre habiéndolos redimido por su muerte en la cruz.

Desde la resurrección y la ascensión de Cristo, toda persona que crea en su muerte y resurrección y acepte la expiación que El obró por sus pecados, *sube* al Paraíso para estar con el Señor (1.ª Corintios 15:1-11, 2.ª Corintios 12:4 y Filipenses 1:24).

Todos los que rechacen la muerte de Cristo en expiación por sus pecados (2.ª Tesalonicenses 1:7-9) van *abajo*, al compartimento del Sheol-Hades, que es constantemente agrandado (Isaías 5:14). Allí esperan la resurrección de sus cuerpos mortales para ser sometidos a juicio ante el gran trono blanco al fin de esta edad (Apocalipsis 20:11-15).

LAS LEGIONES DE LUCIFER

La Biblia define el compartimento bajo el mar como el Sheol-Hades. Los ocultistas lo llaman una «civilización perdida».

Los ocultistas dicen que existe vida bajo el mar y que la humanidad se originó mediante la reencarnación de los antiguos espíritus de hombres que vivieron en una antigua civilización que existía en el perdido continente de la Atlántida. Los clarividentes tales como Edgard Cayce y los mediums en estado hipnótico dicen conocer y visitar tal lugar.

¿Cómo se hace esto? No mediante la reencarnación, sino mediante la posesión del demonio.

Los espíritus demoníacos buscan ganar el reconocimiento dentro del mundo físico glorificando su pasado haciendo de sí mismos y de aquellos a quienes poseen que parezcan ser uno y la misma persona.

Es solamente cuando las personas no honran a Dios y a su Palabra cuando quedan abiertos para su invasión.

Los demonios que habitan en la gente son las legiones de Lucifer. Están dispuestos contra las fuerzas de Dios (Marcos 5:9). Tienen sus rangos y posiciones, y son los principados, las potestades y los gobernadores de las tinieblas, las fuerzas espirituales de la maldad en los lugares celestiales (o que antes estaban allí). (Efesios 6:12 y Colosenses 2:15.)

Algunos comentaristas bíblicos creen que existen dos clases de criaturas caídas bajo el control de Lucifer:

Los espíritus incorpóreos; es decir, espíritus que una vez tuvieron cuerpos, pero que los perdieron en la caída de Lucifer. La raza preadámica.

Los demonios, ángeles que cayeron con Lucifer, posiblemente un tercio de los ángeles de Dios (Apocalipsis 12:4).[8]

De acuerdo con estos comentaristas, los espíritus incorpóreos fueron seres que vivieron antes de Adán y sus cuerpos fueron destruidos durante el diluvio luciferino. Tales seres quedaron sueltos en la atmósfera pero permanecieron bajo el control del Diablo hasta esta presente edad.

Se les llama «espíritus del mal» (1.° Samuel 16: 14, Lucas 7:21, 8:2 y Hechos 19:12-16) y podrían ser el orden más bajo de las fuerzas satánicas. Si tales son los espíritus de la raza preadámica a los cuales gobierna Lucifer, ésta podría ser la razón para las actitudes animalistas y carnales de la gente que se halla infectada con tales espíritus pornográficos.

También ello daría la certeza respecto a la reencarnación. No es a las entidades y personalidades de las gentes que vivieron en el pasado a quien los demonios están personalizando, ya que sus almas y espíritus están en el Cielo con el Señor (Filipenses 1:24 y 2.ª Corintios 5:1) o bien guardados en el Sheol-Hades hasta la resurrección. Pero son los espíritus malignos incorpóreos de aquellos que vivieron bajo el reino de Lucifer antes de Adán los que están infectando la raza humana.

Esos espíritus habitan hoy en los cuerpos de alguna gente y tienen el conocimiento de cosas pasadas. Pueden referir esos hechos, mientras que la persona habitada se encuentra bajo el efecto hipnótico. También pueden describir al continente perdido de la Atlántida, su lugar de nacimiento hereditario, que fue destruido «en un día y en una noche» (*Diálogos*, de Platón).

LAS PUERTAS DEL MUNDO INFERIOR ESTAN BAJO EL MAR

Las puertas o accesos al Sheol-Hades están bajo el mar. Hemos mostrado en los capítulos anteriores que los disturbios físicos y naturales que ocurren en esas entradas proceden del estado de guerra espiritual que está siendo movido por las almas de la humanidad.

Iván Sanderson sugiere que existen doce «vórtices» o aberraciones electromagnéticas alrededor del mundo. Establece una red de doce «anomalías» a intervalos de 72 grados.[9]

Como ya se ha mencionado, dos de esas corresponden al Triángulo de las Bermudas, en el Atlántico, y al Mar del Diablo, a la altura del Japón y de Guam.

Términos tales como el «Triángulo del Diablo» o «Mar del Diablo» y también «Mar Judu», han quedado en la conversación de los marineros durante años. No ha sido sino hasta hace pocos años que las grandes profundidades de estas áreas misteriosas han sido exploradas.

El Foso de Puerto Rico yace bajo las Bermudas o Triángulo del Diablo, a 27.500 pies, y el Foso de las Marianas está bajo el Mar del Diablo cerca de la isla de Guam a 36.198 pies.

La corteza terrestre varía desde dieciséis a cuarenta y cuatro millas de espesor, y es más delgada bajo el océano, especialmente en los océanos Atlántico e Indico, donde sólo tiene un espesor de dieciséis a veintidós millas.

Nuevamente, y geográficamente hablando, las puertas al Sheol con los corredores más cortos hacia el interior de la tierra, estarían bajo los mares, particularmente en sus más grandes profundidades.

Otra de las puertas de Sanderson está en la desembocadura del Golfo Pérsico en la cual vierte sus aguas el río Eufrates. También en esta desembocadura los mapas topográficos del fondo del mar muestran un profundo abismo.

Notemos los siguientes pasajes de la Escritura:

«El sexto ángel tocó la trompeta, y oí
una voz de entre los cuatro cuernos del
altar de oro que estaba delante de Dios,

134

diciendo al sexto ángel que tenía la
trompeta: Desata a los cuatro ángeles
que están atados al gran río Eufrates.»

(Apocalipsis 9:13-14)

¿Podría ser el profundo abismo que existe en la
entrada del Golfo Pérsico una de las puertas en
la cual los cuatro ángeles caídos quedarán sueltos
desde el abismo para conducir los doscientos millones de jinetes desde el Este a la batalla del Armagedón?

LAS ANTIGUAS MAZMORRAS

En los tiempos del Antiguo Testamento los criminales eran castigos colocándoles en hoyos bajo
el suelo. Algunos de esos hoyos eran húmedos pozos
abandonados en las marismas.

El rey Sedequías puso a Jeremías en uno de
esos calabozos por el hecho de haber profetizado la
toma de Jerusalén por los babilonios. En aquel ca-
labozo, húmedo y embarrado, habría muerto el profeta de no ser por las súplicas de su amigo Ebed-
melec al rey (Jeremías 38:6-13).

Otros que fueron arrojados en mazmorras o pozos como castigo o por envidia fueron José (por sus
hermanos, [un pozo sin agua]) (Génesis 37:24) y el
profeta Daniel, que fue sacado del foso de los leones
(6:23). El salmista, en su súplica de liberación de
manos de sus enemigos, dice:

«Sácame del lodo, y no sea yo sumergido; sea yo libertado de los que me
aborrecen y de lo profundo de las
aguas, no me anegue la corriente de
las aguas, ni me trague el abismo, ni el
pozo cierre sobre mí su boca.»

(Salmos 69:14-15)

Posible concepto del Sheol~Hades

En el Antiguo Testamento, el Sheol, que se cita 65 veces, era una estancia dividida con un compartimento para los santos llamado «Seno de Abraham» y otro para los impíos llamado «Hades». Desde la muerte y resurrección de Cristo los creyentes van al cielo con el Señor.

EL CUERPO EN LA TUMBA

El ladrón que rechazó a Cristo fue al Hades (Lucas 23:39)

EL ALMA Y ESPIRITU, SEPARADOS DEL CUERPO, VAN AL SHEOL-HADES

Cristo fue al Sheol por tres días y tres noches Hech. 2:27 y 1.ª Ped. 3:19

El ladrón arrepentido fue al Paraíso Lucas 23:43

EN LA RESUR SACADO TRASLA

El seno de Abraham Lucas 16:23 Paraíso 23:40-43 Los santos del A. T. salieron con Cristo

EL CUERPO VA A LA TUMBA EN ESPERA DE LA RESURRECCION

SHEOL-HADES

Foso de Puerto Rico

Boca del Abismo Salmos 69:15 Lucas 8:31

Puertas del Hades Mat. 16:18, Is. 38:10 Pasadizo. Is. 51:1

VENIDA DE CRISTO

Ensanchamiento Isaías 5:14

Pozo del Ab Apoc. 9:1, S

Tártaro 2.ª Pedro 2:4 Infierno más profundo

TUMBA (hebreo Geber) Sólo el cuerpo muere. El Sheol no es la tumba

LOS SANTOS RESUCITADOS A LA SEGUNDA VENIDA DE CRISTO CON EL ESPIRITU DEL
EL CUERPO REUNIDO CON EL ESPIRITU AL FIN DEL LOS
INCREDULOS RESUCITADOS PARA COMPARECER ANTE EL
MUNDO DEL JUICIO
TRONO DEL JUICIO

TUMBAS para los cuerpos

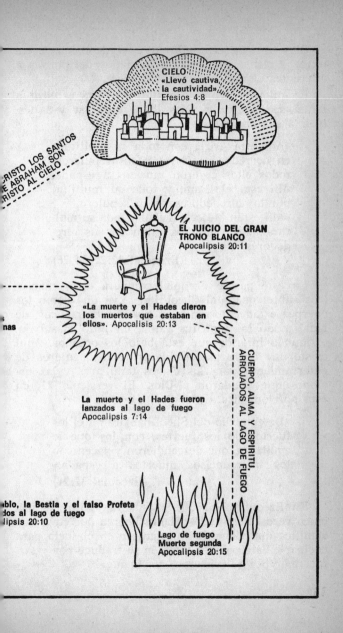

CIELO
«Llevó cautiva
la cautividad»
Efesios 4:8

CRISTO LOS SANTOS
[D]E ABRAHAM SON
[CR]ISTO AL CIELO

EL JUICIO DEL GRAN
TRONO BLANCO
Apocalipsis 20:11

«La muerte y el Hades dieron
los muertos que estaban en
ellos». Apocalipsis 20:13

La muerte y el Hades fueron
lanzados al lago de fuego
Apocalipsis 7:14

CUERPO, ALMA Y ESPIRITU,
ARROJADOS AL LAGO DE FUEGO

[Dia]blo, la Bestia y el falso Profeta
[arroja]dos al lago de fuego
[Apoca]lipsis 20:10

Lago de fuego
Muerte segunda
Apocalipsis 20:15

nas

Otra antigua costumbre era el depositar y enterrar a clanes familiares a los lados del pozo y a diferentes elevaciones (ver Apéndice).

Ezequiel emplea esta costumbre para explicar a Israel de qué forma Dios iba a enterrar y a destruir a sus enemigos:

«Allí está Asiria con toda su multitud;
en derredor de él están sus sepulcros;
todos ellos cayeron muertos a espada.
Allí está el Elam, y toda su multitud
por los alrededores de su sepulcro.
»Allí están Mesec y Tubal y toda su multitud, sus sepulcros están en sus alrededores.»

(Ezequiel 32:22, 24, 26)

En este pasaje Ezequiel compara estos mausoleos subterráneos al Sheol-Hades, ya que como los cuerpos están enterrados en pozos subterráneos, de igual modo los espíritus van a un pozo más bajo, el mundo inferior que está bajo los océanos. Aquí existe una analogía definida entre los agujeros de enterramiento para los clanes familiares y las naciones que olvidaron a Dios. El versículo 21, en esta porción, dice:

«De enmedio del Sheol hablarán a él los fuertes de los fuertes, con los que le ayudaron, que descendieron y yacen con los incircuncisos muertos a espada.»

(Ezequiel 32:21)

En Ezequiel 32:17-30, la palabra «pozo» se usa cinco veces. Esta es la palabra hebrea *bor* cuya raíz significa que viene de «un agujero en el suelo para cocinar». Esta palabra también se traduce por «mazmorra», «pozo», «cisterna» y «fuente».

Este «hoyo» o agujero en la mente antigua estaba situado como entrada en las partes inferiores de la Tierra donde está localizado el Sheol (32:18-24).

En resumen, ésta es una imagen de las naciones que rechazaron al Señor (Salmos 9:17). Cada nación, pues, tiene su propio agujero como sepulcro, donde sus cuerpos son depositados en lo hondo y sus espíritus descienden más abajo hasta las partes inferiores de la tierra, el Sheol-Hades. La palabra «pozo» se utiliza en otros lugares como «Sheol» (ver Apéndice).

En Isaías 14:15, «Sheol» y «pozo» se citan nuevamente juntos con especial referencia al futuro, cuando Lucifer, el diablo, quedará amarrado durante mil años. En el Apocalipsis Juan describe esta ocasión al fin del período de la gran tribulación:

> «Vi a un ángel que descendía del cielo, con la llave del abismo, y una gran cadena en la mano. Y prendió al dragón, la serpiente antigua, que es el diablo y Satanás, y lo ató por mil años, y lo arrojó al abismo y lo enterró y puso su sello sobre él para que no engañase más a las naciones.»

> (Apocalipsis 20:1-3)

La palabra «abismo» (pozo sin fondo) del Nuevo Testamento, y la palabra «hoyo» del Antiguo, son similares.

Este «abismo» es la entrada-corredor dentro del mundo inferior del Sheol. Y es durante el período de mil años cuando Cristo reinará sobre la tierra, y el Sheol-Hades y su compartimento servirá a su propósito final. Durante este tiempo, todas las fuerzas de las tinieblas serán encadenadas bajo los mares incluyendo al diablo y otros espíritus que han rechazado al Señor y a su Cristo.

Los ocultistas han estado profetizando durante años que el continente perdido de la Atlántida surgirá de nuevo demostrando que existe una civilización perdida bajo el mar. ¿Qué ocurrirá si Dios, antes de la última venida de Cristo y del período de los mil años, abre las puertas del Sheol-Hades para que todos lo vean?

De nuevo es interesante notar que la raíz que da sentido al «Sheol» es «un lugar donde los hombres indagan», «un lugar escondido e impenetrable». A la luz de esto es comprensible la forma en que se ha exaltado la curiosidad de los hombres sobre el Triángulo de las Bermudas.

NOTAS DEL CAPITULO VI

1. Edición de "Scientists Close in on the Secret of Life", 1963, *Time* Inc. (Rockefeller Center, N. Y., N. Y.).

2. Este artículo muestra de qué forma esos diminutos componentes portan en sí de forma pregrabada cuatro mensajes químicos que gobiernan toda la vida existente en este planeta (la adenina, timina, guanina y citosina). ¿No es interesante que en la creación del Génesis 1, Dios "hablase" de la existencia de cada especie viviente según su especie? Toda la vida estaba pregrabada sobre el DNA por el propio Dios. La divina canción continúa ♦por la fantástica reproducción de "sus registros", "ya que por El todas las *cosas en él subsisten*" (Colosenses 1:17). También "porque las cosas invisible de él, su eterno poder y deidad se hacen claramente visibles desde la creación del mundo, *siendo entendidas por medio de las cosas hechas*, de modo que no tienen excusa" (Romanos 1:20).

2. Revelle, Roger, "The Ocean", *Scientific American*, septiembre de 1968, p. 64.

3. Ibid., p. 65.

4. Kittel, Gerard, *Theological Dictionary of the New Testament* (Wm. B. Eerdmans Publishing Company, Grand Rapids, Michigan, 1964), Vol. I, p. 146.

9. Berlitz, op. cit., p. 60.

10. Ibid., p. 67.

11. Pember, P. H. *Earth Earliest Ages* (Fleming H. Revell Co., Old Tappan, N. J.), pp. 225-228.

Capítulo 7

El Leviatán: rey del mar

En aquel día el Señor castigará con su espada dura, grande y fuerte al Leviatán, serpiente veloz, y al Leviatán serpiente tortuosa, y matará al dragón que está en el mar.

(Isaías 27:1)

¿Son reales o imaginarios los monstruos del mar? ¿Son entidades espirituales que proceden de una civilización bajo el mar y que asumen la apaciencia física de monstruos? ¿Son responsables estas criaturas de las profundidades de alguna de las inexplicables desapariciones en el Triángulo de las Bermudas y en el Mar del Diablo?

¿O son simplemente referencias simbólicas a inocuos animales prehistóricos que viven en las profundidades?

La conjetura de algunos ocultistas es que los monstruos del mar son reales y que de tiempo en tiempo se hunden en sus refugios abismales llevándose con ellos las naves que surcan los grandes océanos.

Se han visto muchos monstruos marinos en la proximidad del Triángulo de las Bermudas. ¿Pudieran tener razón los ocultistas? De ser así, ¿qué podríamos esperar de semejantes criaturas en el futuro?

LOS MONSTRUOS MARINOS DE LA BIBLIA

En el capítulo III hemos anotado dos importantes indicaciones de la entrada al Sheol-Hades en el Triángulo de las Bermudas, el lugar migratorio de las anguilas norteamericanas y europeas y el gigantesco vórtice de las algas flotantes del Mar de los Sargazos.

Volvamos ahora a la Escritura para ver qué es lo que dice respecto a las criaturas del mar y de su relación con el «Sheol-Hades» y sus accesos.

El profeta Amós dice al describir lugares remotos dónde un fugitivo puede tratar de esconderse de Dios:

> «Aunque cavasen hasta el Sheol, de allá
> los tomará mi mano; y aunque subieren
> hasta el cielo, de allá los haré descen-
> der. Si se escondieran en la cumbre del
> Carmelo, allí los buscaré y los tomaré; y
> aunque se escondieren de delante de
> mis ojos en lo profundo del mar, allí
> mandaré a la serpiente y los morderá.»
> (Amós 9:2, 3)

Nótese la asociación del Sheol con el piso del mar en el libro de Job 41. Pero ésta no es la única referencia a la palabra serpiente asociada con el mar. Hay otras tres palabras hebreas que se refieren a una criatura marina en forma de serpiente (ver Apéndice):

Leviatán

Se describe como un monstruo aterrador de los mares, en Job 41. Este nombre se da cinco veces en el Antiguo Testamento, siempre como una entidad maligna aliada con Satán. Se le llama el rey del mar.

Rahab*

Es el nombre de una serpiente voladora de mar en Job 26:12, 13. En el capítulo 6, «abismos bajo el mar», mostramos cómo Job 26:5-6 describe al Sheol-Hades como estando bajo el mar y da el nombre de uno de sus demoníacos habitantes, Abadón. El versículo 13 identifica otro de los demonios de Satán como Rahab. Esta criatura está libre.

En el salmo 87:4 Rahab es mencionado en contraste con las puertas de Sión y en relación y semejanza con los antiguos habitantes de Palestina y las ciudades de Babilonia y Tiro, que fueron castigadas por Dios y enteramente arruinados y desolados.

El Dragón

Esta palabra hebrea es usada comúnmente para designar a cualquier criatura grande del mar. Esta

---

* Este nombre se da cuatro veces en la Sagrada Escritura como a un ser sobrenatural, misterioso y demoníaco relacionado con la muerte. No debe ser confundido, empero, con Rahab la ramera de Jericó, que simplemente se llamaba así, la cual recibió a los espías de Josué por haber puesto fe en el Dios de los israelitas y salvó su vida y la de su familia mediante el cordón de grana.

palabra se refiere al Leviatán en Isaías 27:1 y a Rahab como Egipto, en Isaías 51:9.

Los dragones aparecen catorce veces en el Antiguo Testamento y se traduce como «monstruo marino», «serpiente», o «dragón». Se refiere a cualquier criatura grande que haya en el mar y que resulte horripilante o monstruosa —sea buena o mala— incluyendo los «monstruos del mar» que Dios creó en Génesis 1:21 (las criaturas más pequeñas del mar se llaman «criaturas vivientes» y «peces», como se cita en Génesis 1:21, 26).

CUERPOS ESPIRITUALES

En el capítulo I mostramos de qué forma los OVNI son entidades diabólicas de forma tangible. También explicamos que la razón de que no haya evidencia física de su existencia, es porque son dispositivos mecánicos espirituales, ya que pueden pasar dentro y fuera de lo físico, con percepción visual a voluntad.

Y ahora preguntamos:

¿Son los monstruos del mar entidades espirituales que proceden de una civilización submarina y que asumen la apariencia física de monstruos?

¿Existen seres sobrenaturales que no son espíritus, sino carne, o que pueden asumir una forma física a voluntad?

La respuesta es: ¡Sí!

El apóstol Pablo habla de varias formas corporales —algunas celestiales y otras terrestres— en 1.ª Corintios 15:35-41. Notemos lo que se dice en el versículo 39:

«No toda carne es la misma carne, sino que una carne es la de los hombres, otra carne la de las bestias, otra la de

los peces y otra la de las aves. Y una
son los cuerpos terrestres y otros los
cuerpos celestiales.»*

En este contexto, Pablo está discutiendo la resurrección del cuerpo humano por el poder de la
resurrección de Cristo. El cuerpo humano será similar al de Cristo después de su resurrección, según dice.

Jesús estuvo en condiciones de entrar dentro de
una habitación que tenía cerradas las puertas y ventanas después que se levantó de entre los muertos.
Con todo, El no era sólo espíritu. Tenía un cuerpo
de carne y hueso. Jesús dijo: «Palpad y ved; porque
un espíritu no tiene carne ni huesos, como veis que
yo tengo» (Lucas 24:36-39).

Sabemos por la Escritura que los seres angélicos
pueden asumir una forma humana apareciendo con
frecuencia con el aspecto normal propio de las cos-
tumbres de la época. La Escritura nos instruye para
que no olvidemos la hospitalidad, porque por ella
algunos, sin saberlo, hospedaron ángeles (Hebreos
13:2).

¿Tiene Satán formas espirituales para sus ángeles al igual que Dios las tiene para los suyos?

¿Qué otros seres existen en este mundo o bajo
los mares y quienes aun siendo de una dimensión
diferente pueden asumir la apariencia de carne y
hueso? ¡La forma de hombre o bestia... o de un
monstruo marino!

Estamos siendo testigos de signos increíbles de
la segunda venida de Cristo. Y los OVNI, los legen-
darios monstruos marinos, y posiblemente incluso

---

* Nótese que en los diversos casos emplea el apóstol la misma palabra *soma*, cuerpo, llamando al cuerpo de los resucitados *soma ouranou*, cuerpo celestial.

el «Gran Pie», la criatura del noroeste del Pacífico y los pájaros gigantes vistos recientemente a lo largo de Río Grande, al sur de Texas, y el fenomenal resurgimiento del ocultismo son evidencias de que el mundo se está haciendo más y más demonizado conforme el tiempo de la venida de Cristo se halla cercano.

LOS FANTASMAS DE LAS PROFUNDIDADES

Aunque muchas visiones son sólo fraudes y bromas de mal gusto, no podemos descartar los testimonios de todos los que dicen que han visto monstruos, ya que sus declaraciones están respaldadas bajo las pruebas del detector de mentiras.

Igualmente se ha informado de la existencia de monstruos marinos en la vecindad del Triángulo de las Bermudas.

Por ejemplo:

La medusa gigante

Fue vista por Richard Winer, el escritor del libro *El Triángulo del Diablo*, mientras filmaba una película submarina para la «General Electric» al sur de las Bermudas, en aguas de una profundidad superior a los 4.000 pies. La apariencia de esta inmensa criatura del mar, era «como una medusa gigante —dice Winer—, y tenía como unos 50 pies de diámetro, perfectamente redonda y con un color púrpura profundo. Su perímetro exterior estaba moviéndose».[1]

Semejante criatura aterró a Winer y a su piloto Pat Boatwright, al aproximarse lentamente hacia ellos. Entonces comenzaron a ascender rápidamente mientras que la gigantesca criatura, a su vez, descendía a las negras profundidades del mar.

La serpiente marina de Gloucester

En agosto del año 1917 fue avistada una serpiente a lo largo de Cape Ann, Mass., por muchas personas, lo que provocó una investigación de la Sociedad de Naturalistas de Boston. Miembros de esta Sociedad se aproximaron como a cosa de ciento cuarenta yardas del monstruo, estimando que tendría unos noventa pies de largo manteniendo una velocidad de desplazamiento de treinta millas por hora. Poco después de la visita que le hizo la mencionada sociedad, se desvaneció del mar.[2]

El calamar gigante

Esta criatura marítima puede ser tan grande como las serpientes gigantes marinas. El tamaño de estos calamares gigantes puede ser calculado por los restos ocasionales esqueléticos que han sido recobrados y por las marcas discoidales que dejan en la piel de las ballenas producidas por las marcas de los tentáculos de succión del calamar que han arrancado la pigmentación de la piel de la ballena. Es fácil imaginar que han causado luchas titánicas en las profundidades de los océanos.[3]

Otras visiones

En el libro *El Triángulo de las Bermudas*, Berlitz dice que muchos observadores dignos de confianza han bosquejado o descrito criaturas del mar, que se parecen mucho a la estructura de los monosaurios o ictiosaurios del Plioceno. Muchos creen que estas criaturas marinas continúan todavía vivas en las profundidades abismales.[4]

Los fósiles de los reptiles dinosaurios, se encontraron primero en Lymie Regis, al sur de la costa de Inglaterra, que era un lugar popular de baños de mar en el siglo XIX.

La señora Anning, una viuda junto con su hija Mary, hicieron entre ambas una forma de vivir vendiendo a los turistas los amonites fósiles (conchas marinas antiguas planas y redondas) que encontraron en las playas a todo lo largo de la costa.

Un día, en el año 1821, encontraron inesperadamente en un arrecife por debajo de Lymie, que estaba repleto de fósiles marinos gigantes, un especimen completo del monosaurio, un reptil marino parecido a un pez acorazado; el primer ejemplo del pterodáctilo y del plesiosaurio. Hoy se encuentra en el Museo de Ciencia de Kensington, junto a un retrato de Mary Anning, su descubridora.

Algunos científicos creen que algunas de estas criaturas prehistóricas podrían todavía existir hoy en las profundidades del océano. Citan los recientes hallazgos del celacanto de las Islas Comoras, en el Océano Indico, de quien se pensaba, por espacio de mucho tiempo, que se hallaba extinguido hace millones de años. Si el celacanto se las ha arreglado tanto tiempo para sobrevivir sin ser detectado, ¿por qué no el plesiosaurio?[5]

Incluso Julio Verne no hubiera podido crear una criatura tan horrible como el pterodáctilo volador. Cuando el científico francés barón Cuvier, reconstruyó este monstruo volador utilizando los restos descubiertos por Mary Anning, escribió que la imagen de semejantes criatura en su forma viviente, «sería tan extraordinaria que más parece el resultado de una mente y una imaginación enfermas que las fuerzas de la naturaleza».[6]

Casi un siglo más tarde, cuando Conan Doyle, en su libro *The Lost World* (El mundo perdido) escribió respecto a semejantes criaturas que «la faz de tal criatura era como la de la más fantástica gárgola [una figura grotesca] que la imaginación de un cons-

tructor loco de la Edad Media pudo haber concebi-
do... Era el diablo de nuestra niñez».[7]

Doyle, un doctor de su tiempo, había rechazado
la doctrina del infierno que aterrorizó su niñez en
Edimburgo. Para él el diablo era, con mucho, el
producto de una imaginación enferma, como las gár-
golas del mundo perdido.

El que tales criaturas existieran es una cuestión
de testimonio, y científicos como Doyle están descubriendo que existe un infierno en esta tierra, y
que la difusión de esas horrorosas criaturas tiene
que ver con el último drama.

MONSTRUOS DE AGUA DULCE

El monstruo del lago Ness

Con referencia a este famoso monstruo, Frank
Searle mantiene una vigilia solitaria y sistemática
sobre las plácidas aguas del lago Ness, pero insiste
en continuar su vigilancia hasta que demuestre que
el monstruo realmente existe. La última vez que
Searle afirma haber localizado a semejante criatura
a quien llama afectivamente «Nessie», fue el 22 de
abril de 1975.

«Estaban conmigo dos jóvenes americanas y algunos visitantes procedentes de Ayr —dice—, cuando su enorme espalda negra abrió la superficie hacia
la mitad del lago.

»Fueron en extremo afortunados, ya que es posible permanecer allí durante años sin que jamás se
capte una visión como esa.»

Hace seis años, Searle abandonó su trabajo como
vendedor de frutas en Londres, para acampar a orillas del lago Ness (Escocia) y permanecer siempre
alerta para otra eventual manifestación del monstruo.

«He permanecido en esta guardia durante las veinticuatro horas a veces y por espacio de casi veinte mil horas —ha manifestado el exparacaidista británico—. He conseguido verle veinticuatro veces y tomar seis fotografías.»[8] *

Dos de esos seres monstruosos son llamados en la Biblia Leviatán y Rahab.

ASESINOS SUBMARINOS

De la misma forma que los Estados Unidos y la Unión Soviética están luchando por la supremacía de los mares, de igual forma lo están las fuerzas de Satán batallando por el control de los mares en nombre de los residentes del Sheol-Hades.

Precisamente como las naciones ponen nombre a sus submarinos, según el tipo, tales como el «Poseidón» y «Polaris», así también dos de las patrullas del mar de Satán son nombradas en la Biblia: «Leviatán» y «Rahab».

Aunque muchos comentaristas de la Biblia consideran al Leviatán y al Rahab sinónimos del diablo, nuestra tesis es de que se trata de entidades marinas separadas bajo su control. Las razones son las siguientes:

1. El Leviatán y el Rahab no están nunca relacionados con el diablo en las ocho veces en que son mencionados. (Ver Apéndice.)

---

* No sabemos exactamente lo que es el monstruo del lago Ness ni otros monstruos que se dice haberse visto sobre la tierra, como los caballos de agua de las tierras altas de Escocia, y el Storjo de Suecia. ¿Son animales vivos antidiluvianos, o son seres sobrenaturales que se materializan? Dos de esos seres monstruosos son llamados en la Biblia Leviatan y Rahab, a juzgar por las descripciones y alusiones dadas de ellos en la Sagrada Escritura.

2. Se utilizan pronombres personales y títulos para estas criaturas.

«El es el Rey (Leviatán) sobre todos los hijos de la soberbia.» (Job 41:34.)

(Los pronombres personales se utilizan sesenta y tres veces en Job 41 para describir a las criaturas reales monstruosas.)

«Los que ayudan a Rahab se esconden de Dios.» (Job 9:13.)

3. El Leviatán estaba asociado con una criatura marina viviente que era familiar a la mente de los hebreos en su tiempo:

«He allí el grande y anchuroso mar, en donde se mueven seres innumerables; seres pequeños y grandes, allí andan las naves; allí está el Leviatán que hiciste para que jugase en él.» (Salmos 104:25-26.) Ver también Job 3:8.

4. En los últimos días el Señor destruirá al Leviatán «que vive en el mar» (Isaías 27:1). «En aquel día» se refiere al fin de los tiempos. (Leer Isaías 26:21 y 27:2-13.)

Esto no puede referirse al diablo, porque él es el «Príncipe y el poder del aire» y vive en su reino de este mundo, que comprende tanto la tierra como el mar (Efesios 2:2).

La primera de las dos menciones del Leviatán se encuentra en Job 3:8, 41. Rahab está catalogado por las primeras dos veces en Job 9:13 y 26:12.

Los monstruos del mar vistos alrededor del mundo están descritos generalmente como pareciéndose al antiguo plesiosaurio, una criatura marina parecida a un dragón que pudo haber existido antes de Noé.

La descripción del Leviatán en Job 41 es similar

a este antiguo dragón de los mares. El Leviatán tenía lengua, nariz, quijadas, piel, cabeza, dientes, escamas, ojos, boca, cuello y corazón.*

Puesto que ninguna criatura física viviente de estas características es conocida en nuestro tiempo, aunque ha sido vista y testimoniada por fuentes dignas de crédito, nosotros entendemos que tales monstruos del mar son como los OVNI, entidades diabólicas en forma tangible.

Los OVNI están incluidos en las «maravillas que están en el cielo», mientras que los monstruos marinos se encuentran entre los «signos sobre la tierra que hay debajo» anunciando como heraldos la segunda venida de Cristo (Hechos 2:17, 18).

Existen varias conclusiones interesantes que se relacionan con el Leviatán en incidentes del Triángulo de las Bermudas:

Luces y antorchas

Cuando Colón navegó por primera vez a través del Triángulo, registró en su diario de navegación que había visto «luces y antorchas ardiendo cuya silueta se recortaba sobre el agua». Sus hombres pensaron que se encontraban cerca de la tierra,

---

* La descripción de Job 41 parece referirse al cocodrilo, pero evidentemente se trata de un monstruo gigantesco parecido al cocodrilo y no del cocodrilo vulgar de nuestros días por las dos siguientes razones: 1) Su aspecto imponente y poder irresistible no es propio del cocodrilo común. 2) El cocodrilo contemporáneo no vive en el mar sino en los ríos. Por eso muchos expositores de la Biblia lo han identificado con el Plesiosauro antediluviano. Pero en otro lugares la palabra Leviatan parece referirse a un poderoso ser malvado y no a un simple animal. Por esto algunos expositores han pensado si no sería un ser diabólico asumiendo una forma escalofriante de monstruo antidiluviano.

pero conforme navegaban hacia las luces, éstas desaparecían, y ocurrió muchos días antes de que encontrasen la tierra.[9]

Escuchemos el relato de la Biblia de la patrulla de Satán sobre las puertas del Sheol-Hades, por el Leviatán.

«Con sus estornudos enciende lumbre.»
(Job 41:18)

«De su boca salen hachones de fuego, centellas de fuego proceden de él.»
(Job 41:19)

El deseo de poder adorar a Dios sin ser perseguidos llevó a muchos creyentes fieles al nuevo mundo, donde pudieron disfrutar de libertad religiosa. ¿Hubo una guerra sobre el Triángulo de las Bermudas entre los ángeles de Dios y el Leviatán defendiendo los primeros el pasaje seguro de los creyentes hacia una nueva tierra?

Muchos marineros han visto luces y antorchas en esta zona a través de los años. El «agua blanca» en el Triángulo fue la última luz desde la tierra que los astronautas pudieron ver en su camino hacia el espacio.

Humo

El capitán Don Henry encontró una espesa niebla que envolvió la barcaza que estaba remolcando. En sus propias palabras, «salía de aquello como si fuera de un banco de niebla». Este fue un extraño fenómeno, puesto que «no existía ninguna niebla en ningún otro lugar».[10]

Warren y Betty Miller, pilotos exploradores, vieron un resplandor amarillento en el mar durante uno de sus vuelos sobre el Triángulo. Fue durante esta ocasión cuando comprobaron el giro errático de las brújulas y una extraña luminosidad resplandeciente en el avión.

Ya mencionamos anteriormente que la palabra que designa el vapor no es la palabra hebrea que designa la nube, sino el humo. Está usada en esta forma en el Génesis 19:28, describiendo un lugar ardiente de destrucción: Sodoma y Gomorra.

Notemos ahora esta característica del Leviatán:

> «De sus narices sale humo, como de una olla o caldero que hierve. Su aliento enciende los carbones.»
>
> (Job 41:20)

El exorcismo

El reverendo Gerald Stahly y su esposa pusieron en práctica un ministerio especializado de exorcismo cuando ejercían su pastorado en una iglesia de Santa Bárbara, California, hace varios años. Junto con algunos de sus fieles miembros ayunaron y oraron por la liberación de aquellos que se hallaban turbados o poseídos por los demonios. Algunas personas les fueron llevadas desde muchas millas de distancia.

El matrimonio Stahly se quedó perplejo cuando preguntaron a los demonios que se identificaran, ya que les replicaron que eran del «Leviatán».

El nombre no fue nunca sugerido por los exorcistas y la persona poseída rara vez había tenido un previo conocimiento de la palabra Leviatán.

Cuando se invocó el nombre de Jesús, muchos quedaron libres del poder de esta entidad demoníaca. Aunque como Rahab tiene sus colaboradores, el Leviatán también puede controlar muchas entidades demoníacas.

154

Conforme se acerca el fin de los tiempos con la venida de Cristo, porque los hombres rehúsan conocer a Dios y a su Palabra, el Señor permitirá a Satán exhibir más milagros que nunca antes.

El ocultismo está ganando un gran incremento; las religiones orientales están obteniendo grandes cantidades de adeptos, en el mundo occidental, la mayor fortaleza de la Cristiandad. Muchos están pronosticando el fin de la edad de la iglesia con el avance de la ciencia y las actividades de las religiones metafísicas.

Aparte de la reciente disminución en la asistencia de las iglesias fundamentalistas, se ha producido un gran éxodo de las denominaciones cristianas de antiguo cuño. Existe un vacío en la juventud del mundo occidental, con lo que se está preparando el escenario para los milagros engañosos del fin de los tiempos.

> «El inicuo cuyo advenimiento es por obra de Satanás, con gran poder y señales y prodigios mentirosos, y con todo engaño de iniquidad para los que se pierden, por cuanto no recibieron el amor de la verdad para ser salvos. Por esto Dios les envía un poder engañoso, para que crean la mentira.»
>
> (2.ª Tesalonicenses 2:9-11)

Si oyen ustedes hablar de OVNI, de pájaros gigantes, de monstruos marinos o de maravillas físicas, sepan que no proceden de Dios.

> «Porque se levantarán falsos cristos, y falsos profetas, y harán grandes señales y prodigios, de tal manera que engañarán, si fuere posible, aun a los escogidos.»

G. H. Pember, en su libro *La Tierra en sus estadios primitivos*, cita siete cosas que condujeron al diluvio de Noé y dijo que estas siete condiciones existirán en el mundo precisamente antes de la segunda venida de Cristo.

Ya no es posible negar el carácter sobrenatural de la apostasía llamada espiritualismo, que se está extendiendo a través del mundo con una rapidez sin precedentes y que atrae a sus adeptos y les retiene dentro de sus garras, sólo por la exhibición continuada de lo milagroso.[11]

Dios no es la única entidad sobrenatural; también lo es Satán. Tengamos en nuestras manos hoy el bastón de Moisés y Aarón. Los «Magos de Egipto» pudieron tener la virtud de convertir sus bastones en serpiente, «pero la vara de Aarón consumió las varas de ellos» (Exodo 7:8-13).

NOTAS DEL CAPITULO VII

1. Winer, Richard, *The Devil's Triangle* (Bantam Books Inc., 666 Quinta Ave., N.Y., N. Y., 1974), páginas 202-203.
2. Berlitz, op. cit., pp. 4-5.
3. Ibid., p. 5.
4. Ibid., p. 4.
5. Costello, Peter, *In Search of Lake Monsters* (Coward, McCann Geoghegan Inc., 200 Madison Ave., N.Y., N.Y., 1974), pp. 315-316.
6. Ibid., p. 316.
7. Ibid., p. 316.
8. Gunther, Marty, "New Sighting of Loch Ness Monster!" ("Nueva visión del monstruo del lago Ness"). *The National Tattler*, 7 agosto de 1975.
9. "The Case for the Loch Ness Monster", *Science News*, 17 de abril de 1976, p. 247.
10. "Loch Ness Search Sponsored by *Times*" ("La búsqueda en el lago Ness subvencionada por el *Times*"). Ibid., 5 y 12 de junio de 1976, p. 359.
11. Costello, op. cit., p. 25.

Capítulo 8

Abadón, el rey del abismo

Y tienen por rey sobre ellos al ángel del abismo, cuyo nombre en hebreo es Abadón, y en griego, Apolión.

(Apocalipsis 9:11)

El Leviatán y Rahab vagan por los mares y luchan por el control de los accesos del Sheol-Hades. Como hemos dicho en el último capítulo, sus formas y características son similares a las criaturas de los antiguos mares del período mesozoico, los plesiosaurios.

Durante el período de la tribulación que ha de venir estas fuerzas del mal obtendrán finalmente la libertad de sus congéneres del mundo inferior, incluyendo a su rey Abadón.

LA BATALLA FINAL

Al norte de Jerusalén y al este del Monte Carmelo se extiende la llanura de Esdraelón. Es en esta llanura donde los eruditos en temas bíblicos y proféticos creen que se llevará a cabo la batalla del Armagedón.

En esta terrible batalla, justamente antes del retorno de Cristo, el Señor permitirá a Satán reagruparse dejando en libertad a dos órdenes de demonios del Sheol-Hades:

1. Los centauros-escorpiones (Apocalipsis 9:1-11).
2. Los doscientos millones de demonios jinetes (Apocalipsis 9:13-21).

En estos dos grupos vemos en las formas de los caballos, el animal favorito del antiguo reino del mundo de Poseidón: Lucifer.

Como ya hemos notado en capítulos anteriores, los caballos eran sacrificados y honrados durante el antiguo reino de Lucifer sobre la Tierra. También eran nombradas así las latitudes del Caballo porque los antiguos marineros ahorraban el agua para sus viajes sacrificando a sus caballos de guerra en el océano. Estas latitudes pasan a través del Triángulo, donde los centauros-escorpiones, cuya apariencia es parecida a un caballo y a un escorpión, quedarán libres durante la tribulación para atormentar a los hombres por cinco meses (Apocalipsis 9:5).

La Biblia no dice en qué consistirá este tormento, excepto que será tan terrible que «los hombres buscarán la muerte y no la encontrarán, y ansiarán morir pero la muerte huirá de ellos» (Apocalipsis 9:6).

LA IMPRESION DEL VIDENTE

El apóstol Juan registra esta visión en el año 94 de la Era cristiana en la isla de Patmos, durante el reinado del emperador romano Domiciano. El apóstol fue desterrado a esta pequeña, remota y desnuda isla del mar Egeo desde Efeso, donde había actuado como supervisor de las siete iglesias del Asia Menor (Apocalipsis 2:3).

Al interpretar esta difícil porción del Apocalipsis 9, al igual que cualquier otra porción de la Escritura, la hermenéutica nos enseña a

> «...tomar la Biblia literalmente siempre que es posible. Si es simbólico, figurativo o se emplea un lengua típico, buscar entonces la verdad literal que intenta explicar.»[1]

Escuchemos las palabras de Juan en este aspecto:

> «El quinto ángel tocó la trompeta y vi una estrella que cayó del cielo a la tierra; y se le dio la llave del pozo del abismo. Y abrió el pozo del abismo, y subió humo del pozo como humo de un gran horno; y se oscureció el sol y el aire por el humo del pozo. Y del humo salieron langostas sobre la tierra; y se les dio poder, como tienen poder los escorpiones de la tierra.»
> (Apocalipsis 9:1-3)

Notemos que se les llama langostas, uno de los destructores más temidos de la vegetación y las cosechas. Después, Juan, dando la descripción de estas langostas, utiliza las palabras «como» e «igual que». Estas langostas que surgen del pozo sin fondo en medio del humo tienen estas características:

1. Su aparición es como caballos preparados para la batalla (9:7).
2. Sobre sus cabezas tienen coronas como de oro (9:7).

159

3. Rostros como de hombre (9:7).
4. Cabellos como los de las mujeres (9:8).
5. Dientes como los dientes de los leones (9:8).
6. Corazas como si fueran de hierro (9:9).
7. Ruido de alas como el estruendo de muchos carros (9:9).
8. Colas y aguijones como escorpiones (9:10).

Notemos que todo esto son formas y semejanzas espirituales. Juan las llama langostas a causa de la fuerza destructiva que acarrean sobre la tierra.

Finalmente, tienen sobre ellas un rey: Abadón, el ángel del abismo (Apocalipsis 9:11).

EL DESTRUCTOR

El diablo es el destructor-jefe (Juan 10:10), y todas sus huestes tienen el espíritu de su caudillo. Algunos han dicho que Abadón es otro título del diablo. Nuestra tesis es que Abadón está normalmente encerrado en el Sheol-Hades (ver Apéndice). Y también que es uno de los gobernadores antiguos de Lucifer en su reino antes de Adán.

Se le mantiene encerrado junto con los centauros-escorpiones y los jinetes-demonios posiblemente por la misma razón que otras de sus huestes están en el presente habitando el mundo inferior.

Pedro dice:

«Porque si Dios no perdonó a los ángeles que pecaron, sino que arrojándoles al infierno los entregó a prisiones de oscuridad, para ser reservados al juicio.»

(2.ª Pedro 2:4)

Y Judas dice:

«Y a los ángeles que no guardaron su dignidad, sino que abandonaron su pro-

pia morada, los ha guardado bajo oscuridad, en prisiones eternas, para el
juicio del gran día.»

(Judas 6)

Cuando la Biblia dice que Abadón es el ángel
del abismo (Apocalipsis 9:11) no explica que está
permanentemente confinado allí. Pero esto puede
deducirse de las siguientes cinco citas del Antiguo
Testamento:

> 1. «Los espíritus tiemblan bajo las
> aguas y sus habitantes. El Sheol está
> descubierto delante de él y Abadón no
> tiene cobertura.»

(Job 16:5-6)

Esta cita de la Escritura no solamente muestra
que el Sheol se halla bajo el mar, sino que el nombre de uno de sus habitantes, Abadón, quien se encuentra sin ninguna cobertura, significando quizá,
sin ninguna excusa ante el Señor.

El Señor conoce a este personaje bajo el mar.
Abadón es traducido también en algunas versiones
de la Biblia como «destruidor». Al hablar del Sheol
como lugar, vemos que en muchas de las citas bíblicas se le asocia el nombre de Abadón, y cuando
habla de Abadón siempre se le cita como una entidad
demoníaca asociada con el Sheol.

Existen muchas palabras de la lengua hebrea que
significan destrucción y que se usan a todo lo largo
del Antiguo Testamento. Pero cuando se utiliza la
palabra Abadón, los escritores están hablando siempre de una persona real, cuyo carácter concreto es
el destruir.

> 2. «El Sheol y Abadón están delante
> del Señor. ¡Cuánto más los corazones
> de los hombres!»

(Proverbios 15:11)

Abadón está nuevamente asociado con el Sheol, como una persona y un lugar que no están escondidos a los ojos del Señor, aunque los hombres no tengan conciencia de ello.

> 3. «El Sheol y el Abadón nunca se sacian, así los ojos del hombre nunca están satisfechos.»
>
> (Proverbios 27:20)

Como dijo Jesús, «...ancha es la puerta y espacioso el camino que lleva a la perdición, y muchos son los que entran por ella» (Mateo 7:13). Como sucede con el Sheol, Abadón y los ojos del hombre, «nunca están satisfechos», ya que «el Sheol está siendo agrandado» (Isaías 5:14).

> 4. «¿Manifestarás tus maravillas a los muertos? ¿Se levantarán los muertos para alabarte? [Selah]. ¿Será contada en el sepulcro tu misericordia o tu verdad en Abadón?»
>
> (Salmo 88:10-11)

La frase «tu fidelidad en el lugar de la destrucción» puede ser traducida «tu fidelidad en *Abadón*». La misma palabra se utiliza en el original.

Se trata de virtudes en contraposición, ya que «los muertos ya no se maravillarán más» y «los espíritus [nephilim, ángeles rebeldes caídos] no se levantarán y alabarán al Señor», ni está «la misericordia en el sepulcro» mucho más que la «fe en Abadón», el ángel de la destrucción.

Notemos de nuevo cómo todo esto describe la muerte y el mundo inferior.

5. «Y dijo al hombre: He aquí que el temor del Señor es la sabiduría; y el apartarse del mal, la inteligencia.»

(Job 28:28)

«El Abadón y la muerte dijeron: «Su fama hemos oído con nuestros oídos.»

(Job 28:22)

«El temor del Señor» y «el apartarse del mal» son dos virtudes más que no tienen ni el Abadón ni la Muerte, ya que si las tuvieran, habría hecho algo más que «oírlo con sus propios oídos», y habrían estado en sus corazones conservadas allí para el juicio que les aguarda.

Durante la tribulación muchos residentes demoníacos quedarán sueltos de la prisión del Sheol-Hades.

Uno de esos es el príncipe de los demonios que se incorporará en el Anticristo durante parte de la tribulación (Apocalipsis 11:7).

Otros serán los centauros-escorpiones y los cuatro ángeles malvados, quienes conducirán los ejércitos del Este en la batalla del Armagedón (Apocalipsis 9:13-16).

Todos estos seres, ahora confinados en el Sheol-Hades, son liberados por orden de Dios.

Los cuatro ángeles demonios surgen del mundo inferior desde el río Eufrates, el cual y antes de la gran batalla será milagrosamente drenado y secado (Apocalipsis 16:12). Como hemos citado en el capítulo VI (ver mapa del Océano Indico superior), existe una depresión profunda en la desembocadura del Eufrates en el Mar de Persia. Y esto, como ya hemos dicho, podría ser otra entrada o acceso al Sheol-Hades, lo cual coincide con los doce vórtices u hoyos de Iván Sanderson que hay en la tierra (ver Capítulo IV).

LOS JINETES INFERNALES

La descripción de esta fuerza de caballos es simbólica. Juan escribió esto en una terminología simbólica utilizando el estilo de su época, para describir a los vehículos militares y a los hombres que marcharán sobre Jerusalén.

Juan vio en esta visión a doscientos millones de jinetes marchando desde el Este sobre el río Eufrates seco. Al describir a estos jinetes en el estilo de su época, dice:

1. Los jinetes tenían corazas de fuego de zafiro y de azufre, similares a las corazas de alto poder reflectante que utilizaban las legiones romanas en los días de Juan.

2. Los caballos tenían cabezas como de leones y colas como serpientes.

3. De las bocas de esos caballos salía fuego y humo que matará a una tercera parte del género humano, lo que para la población de nuestros días significaría aproximadamente unos mil trescientos millones de personas.

4. El poder de esos caballos está en sus cabezas y en sus colas.

5. Las colas de serpiente también tenían cabezas (Apocalipsis 9:17-19).

Si esto es una descripción de guerra atómica con ciertas formas de maquinaria militar, es algo que queda abierto a la conjetura. Recordemos que ésta es una visión que Juan tuvo y que sólo pudo describirla en el lenguaje de su época. El jamás había visto, por supuesto, la maquinaria militar de nuestra época.

Si bien la descripción de este ejército queda abierta a la especulación, sabemos que será una fuerza moderna conducida por cuatro ángeles-demonios. Asumimos, por tanto, que los doscientos millones de jinetes son posesos o seres infernales.

Parece como si Dios fuese a permitir a Satán el tener todas estas tropas dispuestas para la mayor confrontación de todas las edades, en la batalla del Armagedón. Por esto el Señor está diciendo a toda su creación: «El Señor es más grande que todos los dioses» (Exodo 18:11).

NOTAS DEL CAPITULO VIII

1. Dake, op. cit., página segunda del prefacio.

Capítulo 9

Las criaturas de las profundidades

Los malvados serán trasladados al Seol y todas las gentes que se olvidan de Dios.

(Salmos 9:17, J. V.)

Y en el Hades alzó sus ojos estando en tormentos... y gritó diciendo: Estoy atormentado en esta llama.

(Lucas 16:23, 24)

¿Cuántas veces ha escuchado usted estas palabras: «No creo que un Dios de amor permita que nadie vaya al infierno»?

A primera vista esta es una pregunta razonable. Pero es preciso que tratemos con otra primera:

«¿Cree usted que existe un infierno en el mundo?»

La mayor parte de nosotros diría que sí, lo que nos lleva a una conclusión:

Dios, que está vivo *ahora*, permite que exista un infierno moral en el mundo *presente*.

Si el Dios del amor está permitiendo que exista hoy un infierno, ¿por qué El no lo permitiría en la eternidad?

En el libro *Treblinka*, Jean François Steiner habla de la deshumanizante tragedia de 700.000 judíos, hombres, mujeres y niños, que fueron exterminados en Treblinka (Polonia).

Estos desgraciados eran reunidos, procedentes de toda Europa y llevados como rebaños en trenes de ganado a Treblinka para ser asesinados. Después de haber sido desnudados eran llevados a una habitación que ellos creían se trataba de una ducha. La habitación de la ducha pronto se convertía en una cámara de gas letal.

Trece de estas cámaras de gas fueron utilizadas en los años 1942 y 1943, en las cuales cada media hora se mataban a 2.600 personas.

Las palabras de Steiner del día anterior a la revuelta en masa de los judíos, son la descripción de los abismos del infierno:

> «El último día de Treblinka: Era un infierno apocalíptico, el fin de la pesadilla, de un mundo de locura y de muerte que cayó en manos de un lunático.»

La existencia terrenal de tales infiernos es una cuestión histórica innegable, ya que seis millones de judíos sufrieron la misma suerte.

O bien, tomemos el asesinato de la Dalia Negra de finales de 1940, cuando un sádico asesinó a una joven mujer y puso trozos de su cuerpo mutilado dentro de un saco en Los Angeles.

O las numerosas muertes bestiales que suceden cada año por todos los Estados Unidos.

¿Existe un infierno? ¿Existe el amor de Dios? ¿Dónde está El? ¿Permitirá Dios que alguien vaya al infierno?

La respuesta está en Cristo, el Hijo de Dios que murió sobre la cruz.

El Dios del amor se mostró en el sacrificio del pecado, ya que al ser crucificado Cristo, puso en evidencia la horrorosa fealdad del pecado de toda la humanidad. Por su muerte Dios dijo a todos los hombres: «El pecado es horrible; significa la muerte». El pecado lleva consigo la separación eterna del Dios del amor, a menos que queráis aceptar el sacrificio de Cristo, en pago de vuestros pecados.

Jesucristo sobre la cruz es Dios alcanzando con un corazón de amor a todos aquellos que aceptan su Palabra.

QUE ES LA MUERTE

La Palabra de Dios declara que el hombre es un ser de tres partes, consistentes en cuerpo, alma y espíritu. El cuerpo es mortal, pero el alma y el espíritu son eternos.

Cuando Dios insufló la vida en Adán se convirtió en un ser viviente. Dios le formó de la tierra, como un escultor hubiera formado una estatua. Después de que Dios formara a Adán a su imagen, le entregó una parte de sí mismo, una entidad espiritual eterna (1.ª Tesalonicenses 5:23 y Génesis 2:7).

Es esta parte del hombre la que es eterna; cuando alguien muere es el cuerpo el que vuelve al polvo (Génesis 3:19).

La muerte significa la separación; la muerte física es la separación del alma y del espíritu del cuerpo. La muerte espiritual es la separación del alma y el espíritu de Dios.

Esta separación es la más grande tragedia que aguarda a aquellos que rechazan a Cristo y mueren en sus pecados. No hay forma de que podamos captar la agonía de tal separación excepto por los relatos —tanto bíblicos como extrabíblicos— de aquellos que la han experimentado.

¿Envía Dios la gente al infierno? No. Pero aquellos que rechazan a Cristo son arrastrados allá por el poder de atracción del demonio, porque no han sido transformados por el poder redentor de Dios en Cristo.

LOS RESIDENTES DE LAS PROFUNDIDADES

Hemos dicho que el mar parece ser la cobertura de una vasta civilización de un mundo inferior que es tan antiguo como el propio hombre. Consiste en los espíritus de los difuntos de la raza humana y de los ángeles caídos desde Adán hasta el presente.

La Palabra de Dios es clara en esto: «Los malvados serán llevados al infierno [Sheol] y todas las gentes que se olvidan de Dios», escribió el salmista.[1]

Job llamó al Sheol el «reino de los muertos».[2] Es allí donde los ángeles que pecaron fueron lanzados a las «profundidades de las tinieblas» hasta el juicio.[3] Y es el lugar donde los demonios temen ir antes de tiempo.[4]

La Palabra de Dios llama Sheol-Hades a una prisión para las almas de los impíos.[5] Y es esta región del mundo inferior la que Jesús describió en el relato del hombre rico y Lázaro.

El hombre rico era un impío, y cuando murió, Jesús dijo: «En el infierno [Hades] levantó sus ojos, estando entre tormentos... y gritó y dijo: Padre Abraham, ten misericordia de mí, y envíame a Lázaro, para que moje un dedo en agua y refresque

mi lengua, ya que estoy atormentado en esta llama»
(Lucas 16:23, 24).

Podemos aprender varias cosas de este relato.
Primero los muertos están conscientes en el Sheol-
Hades, y segundo, los muertos retienen sus personalidades. En el Hades el hombre rico pudo ver. Pudo
también escuchar, hablar, gustar y sentir. Tuvo el
recuerdo y experimentó remordimiento.

El Sheol-Hades es un lugar de tormento. Nosotros podemos solamente imaginar la desesperación
y la sorpresa horrible del hombre rico al entrar en
el mundo inferior, pero es bien claro que estaba en
un lugar de intenso sufrimiento, ya que dijo: «Estoy
atormentado en esta llama». Y no existe escapatoria
de esta prisión del mundo inferior (versículo 26).

La Biblia no da una descripción detallada del
Sheol-Hades. Pero en los tiempos modernos han existido algunos que han viajado en espíritu a las regiones inferiores y han vuelto para describir sus ho-
rrores.

Si bien no pueden ser considerados al mismo nivel que las Escrituras, tales relatos proporcionan algunas visiones horripilantes sobre la identidad y la
suerte de los espíritus perdidos. La naturaleza de lo
que vieron —tanto si ha sido mediante su cuerpo
o en el espíritu— es corroborado por la Escritura
y son bastante semejantes entre sí, lo que les da
verosimilitud.*

---

* Se han escrito muchas descripciones del cielo y
del infierno a través de los siglos, y la inmensa mayoría
de ellos son muy poco de fiar. En muchos detalles se
delatan como producto, intencionado o no, de las mentes de sus autores por conocimientos archivados en su
subconsciente.
Son más verosímiles que los de siglos pasados los
relatos más recientes de visiones ocurridas no en es-

QUE OCURRE CUANDO EL ESPIRITU
ABANDONA EL CUERPO

Antes de que consideremos estas narraciones, examinemos lo que sucede cuando el espíritu abandona el cuerpo.

Primero, no es que cese de existir; se desplaza a alguna parte.

El famoso científico Wernher von Braun dijo: «Creo en un alma inmortal. La ciencia ha demostrado que nada se desintegra en la nada. La vida y el alma, en consecuencia, no pueden desintegrarse en la nada y por tanto son inmortales».

La ciencia no tiene ningún instrumento para medir el espíritu y por tanto, nunca se ha podido seguir el vuelo del espíritu después de que abandona el cuerpo.

Es preciso volverse a la Palabra de Dios para una visión del espíritu, ya que su principal preocupación y finalidad se dirige al espíritu y a su eterno destino. También podemos captar el conocimiento de los testimonios de aquellos que han muerto, han ido al mudo del más allá y han vuelto para describirlo.

---

tado hipnótico sino bajo paro del corazón o muerte clínica certificada por los aparatos de que hoy dispone la ciencia.

Otro detalle acreditativo son lo coincidente de las declaraciones de los afectados por esta muerte temporal, de haber estado contemplando a los médicos y enfermeras o a sus familiares tratado de reanimarles; del túnel de luz a través de un espacio totalmente oscuro, y que tales informes no vengan de unos sectarios determinados, sino de personas de diversas opiniones religiosas, incluso cristianos.

Por tal razón recomendamos a nuestros lectores interesados en el misterioso tema el libro "En el otro lado", de Marvin Ford, que coincide en muchas ideas con el presente libro y ha sido traducido y puesto en las librerías muy recientemente por la Editorial Clíe.

Llegamos a la conclusión de que tales experimentos pueden ocurrir y ocurren, porque hay varias menciones en la Escritura de hombres mortales que han viajado o han visto el mundo del más allá, una de las cuales está registrada en 2.ª Corintios 12:2-4.

El espíritu, después de que ha abandonado el cuerpo, tiene una forma humana definida. Estamos tan atados a los conceptos del mundo material, que propendemos a no creer nada que tenga forma y sustancia en el mundo del espíritu. Porque un ser sea espiritual esto no lo hace invisible o intangible. La invisibilidad es relativa. El reino del espíritu respecto a nosotros es invisible sólo porque nuestros ojos no están ajustados al plano de lo espiritual.

No solamente existen evidencias bíblicas de que el espíritu tiene una forma tangible, sino que aquellos que han visitado el mundo del más allá dicen que han visto y han hablado con los espíritus de los difuntos. Y todos tienen una forma tangible. Esto es cierto, tanto en el reino de los condenados como en el de los justos.

Constituye un misterio sólo conocido por Dios la forma en que podamos visitar el mundo del más allá y volver para contar lo relativo a este respecto. Algunos han muerto y vuelto mediante la resurrección en respuesta a la oración. Otros, como el apóstol Pablo, han sido elevados fuera de sus cuerpos —todavía vivos en la tierra— y han sido transportados en espíritu a los Cielos o al Hades.

Uno que ha visitado las regiones del más allá y ha vuelto, es George Godkin, un contratista de Alberta, en Canadá. Proporciona algunas interesantes perpectivas y visiones en el mundo de los espíritus, de su experiencia registrada en «Voces desde el borde de la eternidad».

Cuando pasó el *shock* de encontrarse fuera de su cuerpo, se quedó maravillado ante las vastas diferencias entre los mundos físico y espiritual.

Primero, dice, existe una clara separación de la luz y las tinieblas.

Segundo, no existe el factor tiempo en el mundo espiritual.

Tercero, no hay sensación de distancia o espacio.

Cuarto, existe una sensación de ingravidez cuando el alma abandona el cuerpo.

Quinto, hay un sistema de orden en el mundo donde se resucita.

Sexto, existen dos lugares distintos de permanencia con un gran espacio de separación entre ellos.

«Existe un poder allí que impide al alma individual el desplazarse de un lugar a otro. Permanecí maravillado cuando me di cuenta que todas las clases de personas van a ambos lugares.

»Algunos entran en un lugar de paz y contentamiento maravillosos, mientras que otros se dirigen a una absoluta oscuridad, y donde la agonía es algo que jamás han experimentado aquí sobre la tierra.»

El autor dice que se preguntó por qué la corriente de la humanidad se divide después de la muerte, algunos dirigiéndose hacia un lugar de seguridad y descanso y otros hacia un lugar de agonía.

«Después de que volví a este cuerpo terrenal, el Espíritu de Dios me condujo hacia la Biblia, la cual me mostró que Cristo es la única entrada a la zona del gozo eterno después de la muerte de nuestro cuerpo mortal.»[6]

Por cuanto se refiere a los muertos malvados —aquellos que en esta vida han rechazado a Cristo—, *sus espíritus son atraídos por una especie de tirón hacia abajo, el Hades. Sus espíritus están controlados por la ley de la atracción del mal: se convier-*

174

ten en las víctimas de la ley que prevalece en el mundo inferior.

Una vez en el Sheol-Hades, los muertos malvados sufren.

Tenemos que decir aquí, que Dios nunca tuvo la intención de que el género humano sufriese en el Sheol-Hades. Fue creado por el diablo y sus ángeles, quienes se rebelaron contra Dios. Pero cuando el género humano rechazó a Dios y entró a participar de los pecados de Satanás, el hombre quedó entonces sujeto al destino de Satán.

Tanto amó Dios al mundo (Juan 3:16), que envió a Jesús para vivir como un hombre perfecto de forma que por su vida, muerte y resurrección, pudiese redimir a la especie humana. Y a todos aquellos que le recibieron les dio poder para convertirse en los hijos de Dios (Juan 1:12) y escapar a los eternos tormentos de los condenados.

EL CRECIMIENTO EXPLOSIVO DE LA POBLACION DEL MUNDO INFERIOR

La población del Sheol-Hades está siempre incrementándose. Para acomodar esta explosiva población creciente, el mundo inferior tiene que ser ensanchado periódicamente, una posibilidad indicada en la Escritura.

La Biblia dice: «El infierno [Sheol] ensanchó su interior» (Isaías 5:14). Aquí el profeta Isaías está hablando respecto a la muerte de Israel durante la invasión de los babilonios.

Sesenta millones de personas aproximadamente perdieron su vida durante la II Guerra Mundial. Muchas de las desapariciones en el Triángulo de las Bermudas ocurrieron durante y después de tales grandes guerras. ¿Existe alguna conexión? ¿Las per-

175

turbaciones físicas del Triángulo son indicaciones de que el Sheol-Hades está nuevamente agradándose? Por supuesto, que en este tema sólo podemos hacer especulaciones. Pero es interesante notar que el Sheol se agrandó durante la invasión babilónica y un número mucho mayor de criaturas han muerto en las guerras modernas.

El género humano no necesita ir allí. Dios, con amor, respeta la actuación libre de la moral de los hombres. El acomodará al hombre permitiéndole que tenga lo que desea, aunque cada hombre tiene una alternativa. Y la alternativa es ésta: el Cristo del Calvario muerto por los pecadores, entregando su vida en expiación por el pecado.

La muerte de Cristo fue sustitutiva. El tomó nuestro juicio y nuestro castigo debido a nuestras transgresiones. Estas palabras: «El pecado y la muerte vinieron por Adán, pero la vida y la gracia vinieron por Jesucristo» muestran el contraste entre el pecado y la gracia, la vida y la muerte.

La gracia se debilita sin el pecado, ya que ¿qué libre don existe sin obligación? ¿Qué gozo existe cuando uno recibe simplemente lo que se merece?

¿Qué libertad hay para uno que nunca ha estado esclavizado? ¿O qué triunfo hay para quien nunca ha sido derrotado? ¿Qué paz tranquila existe para quien nunca ha estado en la guerra?

¿Qué alivio hay para quien nunca ha sufrido el dolor?

En nuestro tiempo la cruz ha sido debilitada por la gracia barata; no nos cuesta nada. Ha sido conseguida sin sacrificio, sin dedicación y sin ningún esfuerzo.

El cielo cuesta algo; a Dios le costó la vida de su Hijo en expiación por nuestros pecados.

Si no hay un Cielo que perder, entonces Cristo murió en vano. Pero si el sacrificio de Cristo fue para perdonarnos la deuda que teníamos por el pecado, y su resurrección fue para darnos una nueva vida, ¡qué victoria, qué consuelo y qué alegría!

Si no hay una eterna retribución y juicio y no hay en el Universo separación de lo corrupto y de su corrupción entonces no desearíamos ir al Cielo.

No podemos perder de vista el gran costo de la cruz. Es el sacrificio total por otros, por cualquiera de ustedes y por mí. Aquellos que han encontrado este amor, pueden regocijarse en su entrega y encontrar la paz en la muerte.

Pero aquellos que rechazan este amor y este sacrificio, tienen que pagar su propia culpa por el pecado, en el mundo inferior, que es la residencia de los muertos perdidos en sus pecados.

NOTAS DEL CAPITULO IX

1. Salmo 9:17. Ver también Proverbios 9:18.
2. Job 26:5.
3. 2.ª Pedro 2:4.
4. Lucas 8:30-33.
5. 1.ª Pedro 3:19.

Capítulo 10

El fin del mundo

*Vi un cielo nuevo y una tierra
nueva; porque el primer cielo y
la primera tierra pasaron, y el
mar ya no existía más.*

(Apocalipsis 21:1)

¿Cuánto tiempo permanecerán los muertos malvados en el reino del mundo inferior? Y cuando sean juzgados, ¿qué les ocurrirá después del juicio?

¿Quedarán los condenados para siempre sellados en una terrible tumba bajo el mar, olvidados por Dios y por las huestes celestiales?

¿Cuáles son los planes de Dios para los reinos inferiores, una vez que El haya establecido su reinado eterno sobre la tierra? ¿Permitirá un lugar de tormento que coexista con un mundo restaurado a su perfección original y coronado con las glorias de su trono eterno?

¿Qué ocurrirá respecto al mar? Es el receptáculo de la suciedad y los desperdicios del hombre; es una cobertura para un vasto submundo donde queda una

179

civilización de los espíritus difuntos. ¿Continuará escondiendo el horror del pasado del hombre por todas las edades de la eternidad, o quedarán descubiertos los misterios del mar de tal forma que todos puedan mirar dentro de las regiones de los condenados?

Hemos mostrado en los capítulos primeros de este libro que el mar ha sido la clave del pasado del hombre.

Los evolucionistas dicen que la vida se originó en el mar. Los ocultistas trazan sus orígenes para los continentes perdidos bajo él. Y los geólogos han investigado bajo el mar para hallar las pistas de la edad y la composición de nuestro planeta.

Hemos examinado los misterios del Triángulo de las Bermudas y las extrañas desapariciones y fenómenos naturales del Triángulo y examinado las causas tras los disturbios físicos y las diversas teorías producidas por esa zona.

Igualmente hemos rastreado la historia y las teorías de las leyendas del Triángulo, y hemos anotado sus connotaciones con lo oculto. También hemos citado la presencia de OVNI en el Triángulo y explicado la significación espiritual de su extraña capacidad y propósitos.

Y también hemos discutido la existencia de un mundo paralelo, una dimensión habitada por los espíritus, los del bien y los del mal.

Hemos dicho que mientras un gran porcentaje de las desapariciones y otros fenómenos del Triángulo pueden ser atribuidos a causas naturales, hay todavía bastante misterio y cosas sin explicación que plantean y hacen surgir preguntas, a las cuales es preciso contestar. Nuestra tesis ha sido que tanto si son explicables o no, las entidades procedentes del mundo paralelo, se hallan implicadas en el mundo físico.

El *Sylvia L. Ossa* aparece aquí atracado en Nueva Orleans en marzo de 1975, desaparecido con sus treinta y siete hombres de tripulación en el Triángulo de las Bermudas a mediados de octubre de 1976. Era un barco de carga panameño y medía 590 pies de eslora.

Hemos dicho también que las entidades diabólicas están, con mucho, detrás de los disturbios y perturbaciones físicas en el Triángulo de las Bermudas, y hemos aportado el apoyo del fundamento bíblico para su conclusión.

Hemos citado que las entidades espirituales no están ligadas por el tiempo y pueden proporcionar el conocimiento respecto al antiguo pasado al igual que el futuro, pero hemos tomado tales revelaciones seriamente sólo cuando reciben el apoyo de la Escritura.

Las teorías de ocultistas tales como Edgar Cayce, Darwin Geoss, Ed Snedeker, M. B. Dykshoorn y otros han sido examinadas y comparadas con la verdad bíblica.

Hemos mostrado la evidencia positiva de que las entidades del mundo paralelo están irrumpiendo en el reino de lo material en prosecución de un plan diabólico para arrastrar al mundo de hoy hacia el desastre, precisamente como lo hicieron antes del gran diluvio de Noé.

Hemos notado asimismo los efectos de esas entidades sobre los corazones y las mentes de la humanidad, y que las teorías que han creado, aunque bordeando el ridículo, están surcadas con fantasías, contienen elementos de verdad que no pueden ser ignorados.

En todo esto vemos cumplidas las profecías bíblicas concernientes a la venida del Reino de Dios. La realidad de este hecho —ya lo hemos dicho— pone el temor en los corazones de los seres angélicos caídos y los espíritus sin cuerpo que una vez vivieron sobre la tierra bajo el reino de Lucifer antes de que se rebelase contra Dios.

Hemos anotado de qué forma esas entidades del mal están empeñadas en los sueños de su antiguo hogar y como Satanás propaga falsas religiones para apoyar esta fantasía.

En nuestro tiempo Satanás está encantado de que muchas personas se pongan, sin el temor que antes existía a lo oculto, en contacto con sus huestes por medios psíquicos e indaguen acerca de su origen incluyendo el antiguo continente y la civilización perdida que algunos afirman existe aún en la parte inferior de la tierra.

Los ocultistas están diciendo que existen accesos al mundo inferior en varios puntos situados alrededor del globo, afirmando que uno de ellos está en las profundidades del Triángulo de las Bermudas. Hemos contrastado estas teorías con la realidad de lo cierto. *Existe* un mundo inferior y su entrada está en el mar. ¿Podrían estar tales entradas en la zona teorizada por los síquicos? Sólo podemos especular. Pero sí sabemos esto: el mundo inferior es la residencia de los espíritus difuntos que aguardan el juicio de Dios.

Satanás juega con la fantasía de que esos espíritus difuntos son todavía parte de su reino. Dios es capaz de derrotar al enemigo con toda su fuerza, pero Satán aún piensa que puede enfrentarse con Dios.

Y conforme el mundo se aproxima más y más a la trágica confrontación entre Satán y Dios, nosotros estamos experimentando unas intrusiones intensas y diabólicas procedentes del reino del espíritu al mundo físico.

Durante miles de años el Triángulo de las Bermudas ha estado poblado de leyendas. Una gran parte del misterio ha sido fabricado artificialmente, a veces por puro sensacionalismo. Pero incluso en lo explicable y natural, el elemento de misterio puede encontrarse en buena parte de cuanto ocurre en el Triángulo y que tiene la significación de otro mundo.

Hemos mostrado, tomando a las Escrituras como base, *quién* está detrás, tanto de lo misterioso como de lo explicable, y por qué.

El misterio ha sido resuelto. La Palabra de Dios levanta el velo que lo oculta.

Existe una hueste de seres espirituales —buenos y malos— cuyos actos tanto si son buenos o son diabólicos, están afectando las vidas de toda persona sobre este planeta.

Sí, el misterio está resuelto, pero el drama continúa.

Una escena en este drama continuado es la polución de los mares. En la segunda copa del juicio de las siete copas finales de la ira, está la muerte de la vida en los mares.

La Biblia dice:

> «El segundo ángel derramó su copa so-
> bre el mar y éste se convirtió en sangre
> como de muerto; y murió todo ser vivo
> que había en el mar.»
>
> (Apocalipsis 16:3)

Estamos acercándonos a esta predicción con la
polución que hoy existe en los mares. Si continúan
las presentes condiciones, los científicos dicen que
nuestros mares podrían alcanzar un punto irrever-
sible de polución dentro de pocos años.

Tomemos, por ejemplo, los hallazgos de Howard
Gruft, de las infecciones microbacterianas. Dice que
las infecciones están llegando desde el Océano Atlántico a lo largo de la zona costera de Virginia a Florida. Gruft pertenece al Departamento de Salud de
Albany, en el estado de Nueva York. Presentó estos
hallazgos a la Asociación Americana del Pulmón, en
Nueva Orleans, en uno de sus recientes simposios.
Dijo que las microbacterias pueden sobrevivir en las
aguas del océano durante largos períodos de tiempo. Encontró que tales organismos existentes en las
aguas del océano pueden pasar al aire mediante las
gotas de la lluvia, y que son lo bastante pequeños
como para penetrar por los finísimos conductos pul-
monares.[1]

También y por lo que concierne a la polución,
Jacques Cousteau dice: «El Mar Mediterráneo está
tan enfermo que sólo un programa cuidadosamente
coordinado a escala masiva puede prevenir el desastre».[2]

Con la profecía del libro del Apocalipsis 16:3, es-
tableciendo que todo ser viviente en el mar morirá,
podemos ver ahora que los acontecimientos nos están llevando al cumplimiento de tal profecía. Cuando los mares alcancen finalmente la polución total,
¿llegará al fin su propósito?

184

La Biblia dice que no. Dios tiene un plan de purificación que cambiará las cosas después del retorno de Cristo y continuará purificando los océanos por mil años. Sólo entonces llegará a su destino final el propósito de los mares, ya que en el nuevo Cielo y en la nueva Tierra «no habrá más mares» (Apocalipsis 21:1).

LA PURIFICACION DE LAS AGUAS Y LA TIERRA

A continuación de la segunda venida de Cristo, y después de la batalla del Armagedón, habrá una gigantesca operación de limpieza.

Se llevará siete meses el enterrar los cuerpos muertos de los ejércitos destruidos (Ezequiel 39: 11-16).

Y Dios pondrá un sistema de purificación del océano desde el templo de Jerusalén para limpiar los mares polucionados. Estas aguas vivas serán divididas, de tal forma que la mitad fluirá hacia el Mediterráneo y la otra mitad hacia el Mar Muerto y de allí al Mar de las Indias y al Pacífico (Zacarías 14:8).

La Biblia dice:

> «Y me dijo: Estas aguas salen a la región del oriente y descenderán al Arabá y entrarán en el mar, y entradas en el mar, recibirán sanidad las aguas. Y toda alma viviente que nadare por donde quiera que entraren estos dos ríos, vivirá; y habrá muchísimos peces por haber entrado allá estas aguas, y recibirán sanidad, y vivirá todo lo que entrare en este río.»   (Ezequiel 47:8-9)

Este río milagroso no solamente limpiará los mares, sino que restaurará la vida; sus orillas florecerán con frutos y flores y las hojas de los árboles que hay en las orillas serán utilizadas como medicina (Ezequiel 47:12).

Así Dios restaurará los mares para su uso continuado por otros mil años. Durante este período el Sheol-Hades continuará soportando a todos los impíos desde el tiempo de Adán, y el diablo estará «atado» en él por mil años (Apocalipsis 20:1-2).

La tierra entonces se hallará libre de la influencia del diablo por mil años. Cristo gobernará desde Jerusalén con sus santos y este mundo estará de nuevo habitado para su escena final.

Por esto el Señor está diciendo a todas las generaciones que el hombre puede vivir en paz libre de la polución si permiten al Príncipe de la Paz que tenga el control.

Al final de este milenio Satán será dejado en libertad. Esta prueba final sólo será para la gente y sus descendientes que sobrevivieron al período de la tribulación. Y porque la muerte ya no reinará más, el mundo alcanzará su más grande población.[3]

Es difícil creer que el número de personas que seguirán a Satán tras el feliz vivir bajo el gobierno de Cristo durante mil años «será como la arena de la orilla del mar» (Apocalipsis 20:8).

Sin embargo, hay que recordar cómo los hijos de Israel, *después* de su milagrosa liberación de Egipto, se rebelaron y fabricaron el becerro de oro, para comprender la total depravación de la naturaleza humana (Exodo 32:7-10).

Esa batalla final implicará a «Gog y a Magog» (Apocalipsis 20:8). Caerá fuego del cielo y devorará las huestes de Gog y Magog cuando rodeen a Jerusalén (Apocalipsis 20:9).

Después de esto las regiones inferiores quedarán vacías. Las malas hazañas de Satán quedarán al descubierto y el género humano verá el cumplimiento de los eternos propósitos de Dios para la Tierra.

La Palabra de Dios dice que habrá un nuevo mundo restaurado.

> «Vi un cielo nuevo y una tierra nueva; porque el primer cielo y la primera tierra pasaron, y el mar ya no existía más.»
>
> (Apocalipsis 21:1)

El día llegará en que el mar entregue a sus muertos. La muerte y el Hades cesarán y entregarán sus muertos. Y todos los malvados que entonces existan en las regiones inferiores serán llevados ante el gran juicio.

Se abrirán los libros y se pronunciarán las sentencias. La muerte y el Hades y todos sus residentes serán arrojados en la Gehenna, un «lago de fuego» (Apocalipsis 20:11-15). Satán también será arrojado en este lago «donde será atormentado día y noche por siempre jamás« (versículo 10).

Así acabará la residencia del Sheol-Hades para los espíritus difuntos de la humanidad perdida y de los ángeles caídos.

La localización de la Gehenna (el lago de fuego) es algo que queda abierto a la conjetura. Pero el doctor Finis Dake cree que será accesible para lección y advertencia a los seres morales del Universo basándose en su interpretación de Isaías 66:22-24.[4]

El mundo presente llegará a su fin con el juicio al final de los mil años del reinado de Cristo. La tierra será renovada y hecha de nuevo (2.ª Pedro 2:8-13) y ya no habrá más mares.

El mar ha sido el gran depósito de agua de Dios para el bien y el mal; nos ha suministrado la lluvia y purificado nuestras basuras. Ha purgado la tierra en dos ocasiones mediante diluvios y mantendrá a sus cautivos hasta el fin de los tiempos. Los propósitos de Dios para el mar llegarán a su fin.

Sus tormentas ya no soplarán sobre la Tierra, ya que su juicio habrá cesado.

Habrá agua en la nueva tierra, pero ya no esconderá ninguna basura ni provocará catástrofes con sus fuerzas terribles. En la nueva tierra de Dios únicamente aportará vida.

Juan, el revelador, vio un río puro de agua clara como el cristal saliendo desde el trono de Dios y hacia el nuevo mundo. A cada lado del río estará plantado el árbol de la vida. Dios siempre ha provisto el agua para la vida pero para una humanidad caída, el agua se convirtió en una fuerza destructiva.

El emblema y cumplimiento de esta agua de vida es Jesucristo. Exactamente como en el reino venidero todos los habitantes de este mundo, «las naciones que hubieren sido salvas» disfrutarán del agua sanadora y purificadora libremente (Apocalipsis 22: 17); todos pueden hoy recibir el agua de vida que es Jesús. «Si alguno tiene sed, venga a mí y beba. El que cree en mí como dice la Escritura, brotarán fuentes de agua de vida de su interior.»

La Palabra de Dios termina diciendo:

> «...Ven. Y el que oye, diga: Ven. Y el que tiene sed, venga; y el que quiera, tome del agua de la vida gratuitamente.»
>
> (Apocalipsis 22:17)

NOTAS DEL CAPITULO X

1. "Lung disease from the Ocean" *Science News*, 29 de mayo de 1976.
2. "Cousteau says sea is dying", *Los Angeles Times*, 1975.
3. Otros pasajes sobre el reino milenario de Cristo están en Zacarías 14; Isaías 65:18-25; Isaías 66:18-21 y Ezequiel 38 a 48.
4. Dake, p. 730.

APENDICES

1

(Para el Capítulo I)

LOS SERES ESPIRITUALES TRAS EL FENOMENO DE LOS OVNI

Algunas de las personas más inteligentes del mundo creen en los OVNI.

Una reciente inspección ha mostrado que el 93 por ciento de los 322 miembros de la rama francesa de la *Mensa International* (organización exclusiva de personas que tienen un excepcional elevado coeficiente de inteligencia) cree que los OVNI son reales.[1]

En el año 1973 el Instituto Gallup indicaba que quince millones de americanos adultos han visto con sus propios ojos un OVNI.

En años recientes, sin embargo, el número de observaciones visuales de los OVNI se ha incrementado dramáticamente. Las estadísticas muestran diez mil observaciones registradas antes de 1954;

---

1. National Enquirer, 10 de junio de 1975.

desde entonces, las observaciones se han dado por millones alrededor del mundo.

Si bien han sido millones los que han visto y creen en los OVNI, existe un considerable desacuerdo sobre la naturaleza del OVNI y de quién está detrás del fenómeno.

TEORIAS SOBRE LOS OVNI

Existen un gran número de teorías que tratan de explicar la presencia y la naturaleza de los OVNI. Las teorías dicen que los OVNI son:

1. Aparatos físicos que proceden de otro mundo.
2. Máquinas semisólidas o semifísicas que proceden de otra dimensión.
3. Que son criaturas y no máquinas. La maquinaria que vemos puede ser la corteza o la envoltura exterior de tales criaturas.
4. Que son espectros, algo parecido a un fantasma; luminosos pero no materiales.
5. Un arma enemiga.
6. Una máquina o dispositivo creado u operado por los demonios.

En su libro *UFOs: What On Earth Is Happening?*,[2] John Weldon examina estas teorías y llega a la conclusión de que los OVNI son producto del demonio:

> Hoy las observaciones (de los OVNI) se están acelerando en número, presentando una virtual explosión de este fenómeno en los últimos treinta años. Algo existe definitivamente.
> Pensamos que los demonios están tras este sorprendente fenómeno, y pensa-

---

2. Traducido y publicado en español por Editorial Clíe.

mos que su actividad está conectada con la llegada del período de la gran tribulación. Vista en este contexto, la actividad de los demonios en este tiempo particular no es en absoluto ni sorprendente ni extraña.

SU RELACION CON EL OCULTISMO

Existe un evidente eslabón entre los OVNI y el ocultismo. Un examen de la Escritura mostrará las similiridades que hay entre las actividades de los demonios y lo que está siendo experimentado con los OVNI.

La *posesión* del demonio, el habitar dentro de los seres humanos, ocurre en ciertos casos de contacto con los OVNI. Según la Biblia, los demonios buscan quedarse dentro de los cuerpos humanos (Lucas 8:30; 11:24-26 y Mateo 12:43-45).

La Biblia dice también que los demonios pueden *imitar a los buenos espíritus* (2.ª Corintios 11:14-15) y *predicen el futuro* (Hechos 16:16); también pueden *manipular la mente humana* (Juan 13:2 y Mateo 13:19, 39) y *proyectar falsas realidades* (Mateo 4:8).

Weldon dice:

> Las personas que tienen contactos personales con los tripulantes de los OVNI informan casi uniformemente (al menos al principio) de la benevolencia de sus visitantes y que con frecuencia reciben de ellos predicciones del futuro, las cuales más tarde, en muchos casos, demuestran ser falsas. También informan que la capacidad de los extraterrestres para ejercer un control total sobre sus mentes y percepciones, es positiva.

Los ángeles son capaces de asumir la forma humana (Génesis 19:1, 11; Lucas 1:26; Juan 20:12; Hechos 12:19) y toman contacto con los seres humanos (Génesis 1:10; Hebreos 13:2). Pueden materializarse y desmaterializarse a voluntad (Lucas 2:9, 13, 15) y tienen un gran poder (Salmos 103:20; 2.ª Tesalonicenses 1:7 y 2.ª Pedro 2:11) y pueden matar (2.º Samuel 24:17; 2.º Reyes 19:35; 1.º Crónicas 21: 12, 16 y Hechos 12:23).

En conexión con las capacidades de los ángeles, Weldon dice:

> Deberíamos recordar que los demonios son los mismos ángeles buenos, sólo que caídos. Como tales han de tener un poder similar a los ángeles puros, pero deben utilizarlo para el mal en lugar del bien (Daniel 10:12, 13).

Es interesante hacer notar que la mayor parte de los poderes y capacidades de los ángeles bíblicos (y asimismo de los caídos) pueden ser aplicados a los poderes de los OVNI y sus ocupantes. No es, pues, extraño, que la gente diga que han visto seres OVNI. Creemos que esos seres no son otra cosa que entidades diabólicas en forma tangible.

Weldon dice que los OVNI y los fenómenos ocultistas que les acompañan son manifestaciones de las batallas finales habidas entre espíritus en el mundo paralelo. Los demonios, como ángeles caídos, están en guerra contra Dios. Y la Biblia indica que las fuerzas del bien y del mal están en combate en el mundo invisible. Ciertamente nos hallamos implicados en este estado de guerra, como dice Pablo en Efesios 6:12.

> «Porque no tenemos lucha contra sangre y carne, sino contra principados, contra potestades, contra los goberna-

dores de las tinieblas de este siglo, contra huestes espirituales de maldad en las regiones celestes.»

Los OVNI y sus ocupantes representan una abierta actividad del demonio en el mundo material. La teoría de que los OVNI son máquinas físicas procedentes de otros mundos está ampliamente aceptada. Y esto sirve útilmente al mundo paralelo.

Weldon tiene en este punto una interesante especulación:

> Nuestra teoría del contacto con el demonio, no solamente es posible, sino ciertamente esperada. Los operadores de los OVNI, como vemos, han venido expresamente a contactar con los seres humanos.
>
> La más aterradora de todas las posibilidades, desde el punto de vista de la profecía bíblica, es que alguien venga en un OVNI con soluciones para los problemas de nuestro mundo. Un sicólogo social de primera fila dice que muchas personas darían realmente la bienvenida a un ser humanoide procedente de otro planeta y podría incluso situarle como un mesías o un líder religioso. Este ser extraño superior, con un conocimiento tecnológico más allá de nuestro alcance, podría efectuar lo que consideraríamos como milagros.

Una ulterior evidencia de la influencia del demonio detrás de los OVNI se aprecia en el hecho de que muchas personas interesadas en ellos están implicadas en varias sociedades ocultistas y en el espiritismo.

El bibliógrafo Lynn E. Catoe, que hizo la compilación de *UFOs and Related Subjects: An Annotated Bibliography*, publicada por la Oficina de Ediciones del Gobierno de los Estados Unidos, dice:

> Una gran parte de la literatura disponible de los OVNI está íntimamente ligada con el misticismo y la metafísica. Trata de temas tales como la telepatía mental, la escritura automática y las entidades invisibles.
>
> Una gran parte de los informes relativos a los OVNI que está siendo ahora publicada en la prensa popular, relata supuestos incidentes que resultan sorprendentemente similares a la posesión demoníaca y a los fenómenos síquicos que desde hace tiempo han sido conocidos por los teólogos y a los parasicólogos.

Los instrumentos propios del ocultismo se usan con frecuencia para establecer contactos con los OVNI, incluyendo el tablero ouija, el dictado en trance, la percepción mental de voces (un fenómeno ocultista muy común), la levitación, la transmisión del pensamiento, la teletransportación (el transporte de personas de un lugar a otro sin medios físicos y la telequinesis (el transporte de objetos materiales).

Una ligazón aún más ominosa ha sido vista por John A. Keel que relaciona los actos siniestros del culto de los Iluminados y ciertos fenómenos de los OVNI. Los Iluminados están asociados con la brujería y la magia negra, y son sospechosos de estar manipulando los gobiernos del mundo y sus políticas económicas con dirección a un gobierno mundial, lo que la Biblia dice que conducirá a un hombre diabólicamente poseído, a quien llama el Anticristo.

Si los magos (u ocultistas del pasado) podían según la Biblia (Exodo 7:9, 12, 22 y 8:7) manipular y transformar la materia mediante el poder de entidades diabólicas, puede fácilmente comprenderse que los síquicos modernos puedan mostrar poderes similares.

Con el poder de cambiar la materia, es concebible que las entidades espirituales puedan tomar cualquier material y transformarlo en un OVNI, asumir la forma humana y aterrizar abiertamente para demostrar la existencia de visitantes que proceden del espacio exterior. Los OVNI también podrían estar diabólicamente habilitados para realizar proyecciones mentales o manipulaciones temporales de la materia y la energía.

Sea como sea la forma de llevar a cabo estos fenómenos, las entidades espirituales tienen millones de creyentes en los OVNI a escala mundial.

Los incidentes están incrementándose de forma dramática. Algo, evidentemente, está ocurriendo. Como Weldon recalca, «simplemente pensamos que los demonios están preparando la venida del Anticristo».

EL MATRIMONIO DE LOS ANGELES Y LOS SERES HUMANOS

Las entidades espirituales que precipitaron el diluvio de Noé están de nuevo disponiendo al género humano para la destrucción. De nuevo, el pasado es una clave para el futuro.

Citemos lo que se dice en Génesis 6:1-5:

> «Aconteció que cuando comenzaron los hombres a multiplicarse sobre la faz de la tierra, y les nacieron hijas, que viendo los hijos de Dios que las hijas de los

hombres eran hermosas, tomaron para sí mujeres escogiendo entre todas. Y dijo el Señor: No contenderá mi espíritu con el hombre para siempre, porque ciertamente él es carne; mas serán sus días ciento veinte años.

»Había gigantes en la tierra en aquellos días, y también después que se llegaron los hijos de Dios a las hijas de los hombres, y les engendraron hijos. Estos fueron los valientes que desde la antigüedad fueron varones de renombre.

»Y vio el Señor que la maldad de los hombres era mucha en la tierra, y que todo designio de los pensamientos del corazón de ellos era de continuo solamente el mal.»

La interpretación generalmente aceptada de este pasaje es que los «hijos» de Dios eran los ángeles que se habían rebelado contra Dios. Estos ángeles estaban en condiciones de mezclarse con la raza humana. No es sorprendente, pues, que las antiguas culturas hayan registrado la presencia de seres sobrenaturales, los cuales usualmente venían de los cielos.

El pasaje significa también que no todos los «hijos» de Dios son buenos.

La humanidad se hizo tan malvada que aceptó a los demonios como compañeros de matrimonio, un acto tan abominable para Dios, que su única solución era el juicio mediante una catástrofe a escala mundial.

Hoy existen numerosas sectas que aceptan la relación con seres sobrenaturales, incluso con el propio Satanás. Esto proporciona una interesante perspectiva al comentario de Jesús:

«Mas como en los días de Noé, así será
la venida del Hijo del Hombre.»

(Mateo 24:37)

La Biblia indica que una vasta mayoría del género humano será demonizada poco antes del Armagedón. En el proceso la tierra sufrirá cataclismos
geológicos masivos y catástrofes globales no experimentados en la historia del hombre.

2

(Para el Capítulo II)

LA SINOPSIS DE LA PALABRA "PROFUNDO" EN LA BIBLIA (heb. tehom)

> «Y la tierra estaba desordenada y vacía,
> y las tinieblas estaban sobre la faz del
> abismo; y el Espíritu de Dios se movía
> sobre la faz de las aguas.»
>
> (Génesis 1:2)

Tehom (profundo) se cita treinta y cinco veces en el Antiguo Testamento. Significa la existencia de manantiales subterráneos bajo la tierra (Deuteronomio 8:7), las profundidades mayores de los océanos (Job 38:16, 17) y las profundidades mayores de la tierra.

Las mayores profundidades de los océanos son, con mucho, las de más común utilización. Las dos áreas de mayores profundidades son el Foso de Puerto Rico, de 27.500 pies en el fondo del Triángulo de las Bermudas y el Foso de las Marianas, de 36.198 pies, justamente al sur del Mar del Diablo a lo largo de la costa del Japón.

Un estudio de la palabra «profundo», en conjunción con el mundo inferior, muestra las siguientes connotaciones:

Las profundidades subterráneas del mar podrían ser las entradas del mundo inferior para el Sheol-Hades.

> «¿Has entrado tú hasta las fuentes del mar? ¿Y has andado escudriñando el abismo? ¿Te han sido descubiertas las puertas de la muerte? ¿Y has visto las puertas de la sombra de muerte?»
>
> (Job 38:16, 17)

Tres teólogos están de acuerdo en que el agua en Génesis 1 es el diluvio luciferino del juicio.

a) J. Sidlow Baxper, *Explore The Book*, Vol. I, página 42.

b) Kenneth West, *In These Last Days*, p. 67.

c) Finis Dake, *Annotated Bible*, p. 1, Gén. 1:1.

3

(Para el Capítulo VII)

Existen cuatro palabras que se traducen como «monstruo marino», «dragón» y «serpiente de mar» en el Antiguo Testamento. Una de éstas, *tan*, está erróneamente traducida como «dragón» en catorce lugares de la versión del Rey Jaime del Antiguo Testamento. La NAS traduce correctamente ese término en trece lugares y en uno lo traduce por «monstruo de la noche».

El Leviatán se da cinco veces y está traducido por ese nombre en otras tantas ocasiones.

Leviatán

(Heb. *liv-yah-thahn*), se da en cinco ocasiones:

> «Maldíganla los que maldicen el día, los que se aprestan para despertar a Leviatán.»
>
> (Job 3:8)

Job está hablando de la *noche* en la que había nacido, ya que Job, en 3:6,7, la maldice lo mismo que el día de su nacimiento. Todo esto se dice a la luz de las pruebas en que tiene que sufrir el ridículo sobre sus propios sufrimientos.

El problema de «aquel que maldice la noche» se eslabona a la dificultad de aquel que intenta despertar al Leviatán de las aguas oscuras y profundas de los mares. Es más fácil maldecir el *día* del nacimiento de Job, porque pueden verse sus características, que lo que significa el *maldecir la noche* o *despertar al Leviatán*, a causa de que no puede verse la noche, ni al Leviatán que está escondido en el abismo.

> «¿Sacarás tú al Leviatán con anzuelo?,
> ¿o con cuerda que le eches en su lengua?»
>
> (Job 41:1)

El capítulo 41 del libro de Job se refiere al monstruo del mar. El último versículo le describe como «el rey sobre todos los soberbios». El Leviatán se convierte en la personificación de Satán con la forma sobrenatural de un monstruo marino en forma de cocodrilo, con muchas cabezas, según aparecen en otros pasajes.

> «Magullaste las cabezas del Leviatán; y
> lo diste por comida a los moradores del
> desierto.»
>
> (Salmo 74:14)

El salmista está hablando de Egipto durante el éxodo. El monstruo del mar, en el versículo 13, es la palabra hebrea *tannin*, un símbolo de Egipto, posiblemente el cocodrilo. Cuando el Faraón se ahogó con todas sus huestes guerreras, quedó así destruido el cocodrilo como dios del mar. El Leviatán es simbolo del poderío de Satán quien fue aplastado por el poder de Dios en la liberación de Israel y de su provisión sobrenatural en el desierto. Por una parte, Dios les alimenta con el «alimento de los ángeles» y les sostiene durante cuarenta años, y de otra parte, Él alimenta los temores y los vituperios del Leviatán a las criaturas del desierto del Sinaí.

Fue el bastón de Moisés el que se convirtió en una serpiente (en hebreo, *tanneen'*, serpiente de mar, posiblemente un cocodrilo), que devoró los bastones egipcios que también se convirtieron en serpientes de mar (Exodo 7:10, 12).

> «He allí el grande y anchuroso mar, en donde se mueven seres innumerables, seres pequeños y grandes. Allí andan las naves; allí está Leviatán que Tú hiciste para que jugase con él.»
>
> (Salmos 104:25, 26)

El salmista hace referencia a una criatura del mar que era bien conocida para las mentes de los hebreos de su época.

> «En aquel día el Señor castigará con su espada dura grande y fuerte al Leviatán serpiente veloz, y al Leviatán serpiente tortuosa; y matará al dragón que *está* en el mar.»
>
> (Isaías 27:1)

El dragón es Satán en el pasaje de Apocalipsis 12:3. Juan vio «un gran dragón rojo» de quien la mayor parte de los comentaristas dicen que se trata del diablo conforme queda mencionado en Apocalipsis 20:2, llamado también la *serpiente antigua* y Satán. La palabra hebrea para «dragón» en el pasaje de Isaías 27:1 es *tan-neen'*, serpiente de mar. Tanto el Leviatán como el dragón en este pasaje aparece como siendo un gran animal marino, y no una serpiente terrestre (en heb., *nachish*).

> «En aquel día el Señor castigará con su espada dura grande y fuerte al Leviatán serpiente veloz, y al Leviatán ser-

piente tortuosa y matará al dragón que
está en el mar.»

(Isaías 27:1)

«Despiértate, despiértate, vístete de poder, oh brazo del Señor; despiértate
como en el tiempo antiguo en los siglos
pasados. ¿No eres tú el que cortó a
Rahab y el que hirió al dragón?»

(Isaías 51:9)

Aquí el nombre de Rahab se refiere a este monstruo marino, como en Job 9:13 y 26:12 y Salmos
89:10.

«Me devoró, me desmenuzó Nabucodo-
nosor rey de Babilonia, y me dejó como
vaso vacío; me tragó como dragón llenó su vientre de mis delicadezas y me
echó fuera.»

(Jeremías 51:34)

«Hijo de hombre, levanta endechas sobre Faraón rey de Egipto, y dile: a
leoncillo de naciones eres semejante, y
eres como el dragón en los mares; pues
secabas tus ríos y enturbiabas las aguas
con tus pies y hollabas sus riberas.»

(Ezequiel 32:2)

Rahab

(Heb. *Ra'-hab*.) Serpiente de mar, deidad egipcia.
De acuerdo con Brown, Driver y Briggs, Rahab
es una antigua serpiente de mar mítica de los hebreos. Job la registra dos veces, mientras que en los
Salmos, Rahab se refiere a una deidad egipcia que
fue aplastada en el Mar Rojo.

> «Dios no volverá atrás su ira; y debajo
> de El se abaten los que ayudan a los so-
> berbios, de Rahab.»

> (Job 9:13)

¿Podrían los que *ayudaron a Rahab* referirse a
los personajes demoníacos bajo el control de este
poder diabólico de los mares?

> «El agita el mar con su poder, y con su
> sabiduría hiere la arrogancia de Rahab.
> Su espíritu adornó los cielos, su mano
> creó la serpiente tortuosa [en hebreo,
> *nachish*, serpiente terrestre].»

> (Job 26:12-13)

Aquí Rahab está relacionada con el mar, y por
el entendimiento de Dios Rahab quedó deshecho. En
el versículo siguiente, la palabra para denominar la
serpiente de tierra, describe ulteriormente el monstruo serpentino de mar, «la serpiente tortuosa».

> «Tú tienes dominio sobre la bravura del
> mar cuando se levantan sus ondas, tú
> las sosiegas, tú quebrantaste a Rahab
> como a herido de muerte, con tu brazo
> poderoso esparciste a tus enemigos.»

> (Salmos 89:9-10)

Aquí Rahab está nuevamente relacionada con el
«engrosamiento de los mares» que levanta el oleaje.
Es Dios el que aplasta a esta serpiente de mar, su
antigua enemiga.

4

(Para el Capítulo VIII)

Abadón

«Se encuentra solamente en el Nuevo Testamento en Apocalipsis 9:11. El nombre de un ángel del mundo inferior, del rey del centauro-escorpión, que dirigirá una terrible plaga contra los hombres en los últimos días. El nombre se traduce en griego por Apolión, "el destructor". Es parte del estilo críptico del Apocalipsis cuyo autor utiliza el nombre hebreo en el texto griego.

»El nombre aparece empero en el Antiguo Testamento. En Job 26:6 y 28:22, Proverbios 15:11 y Salmos 88:12 del hebreo... como el «lugar de destrucción» y para describir el mundo de los muertos. La personificación ha hecho nacer la noción de un ángel del Infierno, que en Apocalipsis 9:11 está identificado con "el príncipe del mundo inferior".»[1]

LAS SIETE CABEZAS

En el libro del Apocalipsis el término «siete cabezas» se utiliza tres veces. Todo ello es simbólico

----

1. Kittel, op. cit., vol. I, p. 4 (Joachim Jeremías).

de los siete imperios del mundo que han estado en posesión de Palestina.

Los tres símbolos son:
1. El dragón que tiene siete cabezas (Apocalipsis 12:3), símbolo del diablo.
2. La bestia que surge del mar y que tiene siete cabezas (Apocalipsis 13:1), símbolo del Anticristo.
3. La mujer sentada sobre una bestia escarlata con siete cabezas (Apocalipsis 17:3), símbolo de las religiones prostituidas del mundo.

Todas estas siete cabezas se refieren a la misma cosa; a las naciones que han controlado a Israel durante los «tiempos de los gentiles» (Lucas 21:24). Las siete naciones que han dominado y dominarán a Israel hasta la venida de Cristo, son:

1. Egipto, cuyo símbolo es un cocodrilo, serpiente de mar (Rahab), que poseyó a Israel durante cuatrocientos años hasta su liberación por Moisés.
2. Asiria, cuyo símbolo es un león, que gobernó a Israel por más de cuatrocientos años alternativamente.
3. Babilonia, cuyo símbolo es un águila; gobernó a Israel por más de doscientos años.
4. Los medos y los persas; el símbolo es un oso, y gobernó sobre Israel por más de un siglo.
5. Grecia, cuyo símbolo es un leopardo, gobernó a Israel durante más de doscientos años.
6. Roma, el símbolo es una bestia no descrita; gobernó sobre Israel por casi un millar de años.
7. La nueva Roma, cuyo símbolo todavía es una bestia no descrita, gobernará sobre Israel durante los primeros tres años y medio del pe-

ríodo de la tribulación cuando el Anticristo consolidará los diez países en la región geográfica del antiguo Imperio romano. Estos son los diez cuernos de los que se habla en tales símbolos.

El octavo y final reinado será aquél en el cual el Anticristo gobernará personalmente durante los tres años y medio de la gran tribulación. Este reino acabará en la batalla del Armagedón, después de la cual Cristo establecerá su reino por un millar de años.[2]

2. Dake, op. cit., p. 311, col. 1, 2.